LES

FAMILLES HISTORIQUES
DE FRANCE

PAR

LE COMTE HORACE DE VIEL-CASTEL

ARCHAMBAUD
DE COMBORN

PARIS

LIBRAIRIE D'AMYOT, ÉDITEUR

6, RUE DE LA PAIX

1845

LES

FAMILLES HISTORIQUES

DE FRANCE

I

DE L'IMPRIMERIE DE CRAPELET,
RUE DE VAUGIRARD, 9.

ARCHAMBAUD

DE

COMBORN

PAR LE COMTE

HORACE DE VIEL-CASTEL

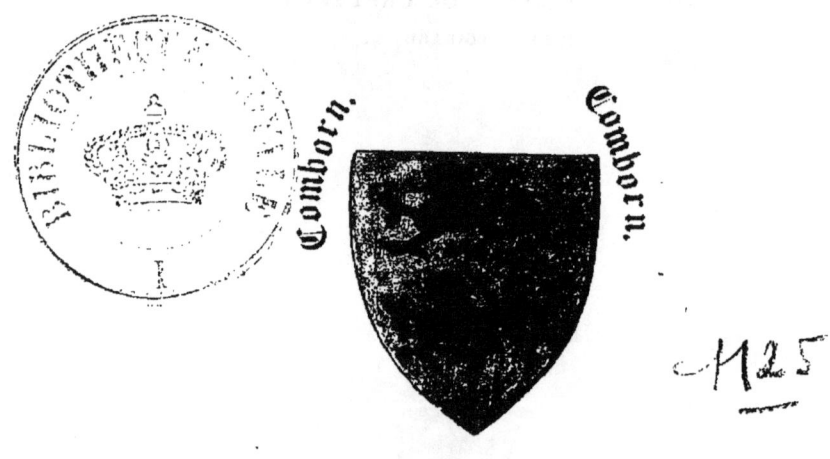

PARIS
LIBRAIRIE D'AMYOT, ÉDITEUR
6, RUE DE LA PAIX

1845

PRÉFACE.

Des affaires de famille me conduisirent, pour la première fois, il y a cinq ans, dans le Limousin; pendant un mois je vécus à Limoges en vrai solliciteur de procès, visitant le matin, mon notaire, mon avoué et mon avocat, sollicitant le soir mes juges et me recommandant toujours à la bienveillance de messieurs les gens du roi. Limoges est une ville commerçante, mais triste (du moins pour les étrangers); aussi n'en ai-je conservé qu'un souvenir peu agréable, d'autant plus que j'eus le désagrément d'y perdre un procès. Ce mois de séjour à Limoges m'avait fatigué le corps et l'esprit, j'avais besoin de repos, et puis, il faut bien le dire, j'étais en colère, j'étais maussade, j'étais humilié d'avoir perdu mon procès et je voulais pour quelques mois me séparer du monde, me livrer à la solitude et à ses consolations.

L'été commençait à peine, les premières chaleurs se faisaient sentir; partout dans les campagnes il y avait des arbres en fleurs, des pelouses de verdure, mille gais oiseaux sur les buissons des chemins. La terre vivait, respirait, était joyeuse et se faisait belle; en un mot, c'était le véritable temps d'une douce solitude, parce que cette vie nouvelle dont se ranimait la terre, faisait bouillonner aussi dans chaque être créé, un sang plus jeune et plus généreux, et portait à son cœur les secrets parfums des suaves mélancolies.

Limoges ne m'avait point séduit, je jugeais du reste de la province par sa capitale, et certes les légions de maçons que le Limousin expédie chaque année vers Paris, ne me rendaient point curieux d'étudier les mœurs de ses habitants, de pénétrer plus avant dans le pays qu'ils nomment leur patrie. Mais comme cependant il fallait bien passer mon été quelque part et que ma famille possède de temps immémorial un vieux château dans les montagnes du Limousin, je me décidai à faire un pèlerinage à cette demeure depuis longtemps abandonnée de parents dont la mémoire m'est chère, d'ancêtres dont le souvenir m'est glorieux. Je quittai Limoges par une belle matinée du mois de juin, et je pris, pour me rendre à Brive, la route de Tulle. Le soleil était brillant et chaud et l'air courait tiède et parfumé dans la campagne. Je voyageais à cheval pour avoir la possibilité de suivre le chemin qui me conviendrait le mieux. Je m'acheminais donc fumant mon cigare et peu soucieux du pays que je parcourais, laissant mon cheval, libre dans ses allures, maître de choisir celle qui lui serait agréable, et sans fermer mes yeux, je leur ôtai la puissance du regard, pour me renfermer dans ma pensée et vivre avec elle.

Peu à peu cependant je fus entraîné à me livrer à l'examen des objets extérieurs. Depuis deux heures, j'avais quitté Limoges et je venais de dépasser le bourg de Pierre Buffière où se trouve un relais de poste; la route devenait de plus en plus solitaire, et le silence n'était troublé à de longs intervalles, que par les grelots de quelques chevaux de rouliers s'avançant à petites journées vers les montagnes de l'Auvergne. Sur la droite de la route se développe un horizon de montagnes boisées coupées de longues et tortueuses vallées, traversées par des ruisseaux d'une eau transparente, puis dans ces vallées et sur le penchant des montagnes qui les encadrent, des milliers de châtaigniers aux immenses branchages; enfin, partout où l'œil s'arrête il n'aperçoit que des châtaigniers. Le châtaignier est l'arbre limousin par excellence, il croît en ce pays comme le blé croît dans la Beauce ou dans la Brie, et le fruit qu'il porte entre pour une large part dans la nourriture des habitants de cette partie de la France.

Plus je m'éloignais de Limoges, la ville marchande, et plus je sentais s'apaiser en moi l'inquiétude et la fatigue de mes agitations *processives*. La cessation du bruit et de ce tumulte ordinaire aux grandes agglomérations de population, laissait comme un baume salutaire, le calme descendre peu à peu en mon âme. Enfin, je sortis de ma retraite intérieure, j'examinai les lieux que je parcourais, la chaleur des rayons du soleil ranima en moi une vie plus puissante; je me sentis rajeuni et comme libéré d'un poids insupportable d'ennui et de préoccupations : j'étais libre, je humais l'air à pleins poumons, ainsi que le fait un prisonnier, lorsque après un séjour de plusieurs années dans un cachot ténébreux, il se retrouve enfin débarrassé de chaînes, sous le bleu pavillon du ciel.

Parfois sur ma route je rencontrais une caravane de petits fermiers ou de propriétaires campagnards, chevauchant à cheval, accompagnés de leurs femmes et de leurs enfants également à cheval; nous nous saluions en souriant comme de vieilles connaissances, nous échangions quelques mots de politesse, et nous nous quittions cordialement pour reprendre chacun notre voyage. Je n'étais plus en pleine civilisation dans ces provinces où tout le monde se dédaigne ou se craint, où l'étranger, l'inconnu, par cela seulement qu'il est étranger ou inconnu, est un ennemi, un homme contre lequel il faut se mettre en garde; j'étais dans une province marquée en noir, il est vrai, sur la carte de M. Dupin, dans une province mise, pour ainsi dire, au ban de la civilisation, mais je retrouvais dans l'accueil, dans le sourire, dans les souhaits de bienvenue de ses habitants, quelque chose qui me rappelait l'hospitalité antique ou celle du sauvage.

Après une longue journée le soleil descendit lentement derrière la montagne sur laquelle est bâtie Uzerche, vieille ville fortifiée par Pépin le Bref. Je ne connais pas de ville d'un aspect plus pittoresque; plantée sur le flanc de rochers escarpés et sur le bord d'un torrent que l'on nomme la Vezère, Uzerche s'abaissant tantôt presque au niveau des ondes de ce torrent, s'élevant tantôt sur les cimes escarpées des montagnes, apparaît de loin comme un long et tortueux serpent attaché aux flancs d'un rocher de granit. L'aspect de cette ville est sévère; elle a gardé sa tournure gothique et sombre; presque toutes les maisons y sont flanquées de tours et semblent fières de leur physionomie de forteresse ou de prison; l'ancien château fort domine encore tous ces petits fortins qui sont autour de lui comme de jeunes enfants autour de leur mère. J'ignore si quelques-unes des dix-huit tours de sa primitive fortification existent encore, mais elle garde le cachet militaire que lui imprima Pépin en la créant pour servir de camp retranché à une colonie de ses Franks d'outre-Rhin, qu'il laissait en Limousin comme une garnison.

Les habitants d'Uzerche ont toujours passé pour gens querelleurs et batailleurs, *préférant armes à marchandises*, dit le proverbe, fiers de leur ville, et répétant avec orgueil cet autre proverbe: *Qui a maison à Uzerche, a château en Limousin.* J'avoue que les Uzerchois ne m'ont pas paru plus batailleurs que les autres Limousins, ni plus Franks que les

Brivistes ou que les habitants de Tulle; mais un voyageur doit respecter les proverbes, et je tiens les *Franks* d'Uzerche pour gens fiers, indomptables et belliqueux.

Uzerche n'est qu'à quelques lieues du château du Saillant, but de mon voyage. Je savais qu'un chemin de montagne pouvait de beaucoup abréger ma route, mais il me fallait trouver un guide, et mon aubergiste Frank, moyennant une légère rétribution, m'amena la perle des guides, c'est-à-dire un autre Frank d'Uzerche, bavard, intelligent, gai et très-belliqueux, je veux le supposer, pour ne faire aucun tort au proverbe. Nous convînmes de partir le lendemain aussitôt que le soleil serait levé, et après avoir bu avec mon guide futur le vin du marché que nous venions de conclure, et qui consistait pour lui à me conduire au Saillant par la route la plus pittoresque, tandis qu'il ne m'imposait que l'obligation de le suivre avec une confiance aveugle, je gagnai ma chambre, et, la fatigue y aidant plus que la bonté du lit, je ne tardai pas à m'endormir.

Il faisait à peine jour, le lendemain, lorsque mon guide vint me réveiller en sursaut et m'assurer qu'il était temps de nous mettre en route, si je voulais éviter la grande chaleur. Votre cheval est déjà sellé et bridé, ajouta-t-il, et *le coup de l'étrier* vous attend. Malgré ma fatigue de la veille, je me hâtai de faire ma toilette, et quatre heures et demie sonnaient à l'horloge de l'église d'Uzerche, comme nous dépassions les dernières maisons de cette ville.

J'avais allumé un cigare et je jouissais en silence des voluptés que procure la fumée du tabac ; je suivais les enroulements capricieux qu'elle formait en s'élevant dans l'air, sans prêter une grande attention aux bavardages de mon inexorable *cicerone*, qui ne me faisait grâce d'aucune des légendes populaires du pays. Nous avions quitté la grand'-route et nous commencions à gravir les pentes rapides des montagnes ; le soleil était brûlant, et, à l'exception de quelques énormes châtaigniers qui nous prêtaient de loin en loin un abri momentané, nous ne pouvions espérer aucun ombrage protecteur sur le chemin que nous suivions. Au loin, sur notre gauche, se dessinait le clocher de Donzenac, et devant nous, les crêtes toujours de plus en plus arides des montagnes. Quelquefois une pente tellement rapide qu'elle ressemblait presque à un précipice, nous permettait d'entrevoir dans les bas-fonds des plaines étroites, des vallées délicieuses, tapissées d'une verdure éclatante, au milieu de laquelle serpentait un ruisseau d'une eau limpide, murmurant sur des quartiers de granit; et alors je demandais à mon guide pourquoi nous ne suivions pas le chemin des vallées?

« Parce qu'il n'y en a pas, me répondait-il, et d'ailleurs, monsieur veut voir le pays?..

— Oui, sans doute!

— Et bien, dans les vallées, monsieur ne verrait rien. »

Satisfait de cette réponse, je reprenais ma route, et je laissais mon guide, que les gens d'Uzerche nommaient *Pierissou*, se livrer à d'interminables commentaires sur les avantages du chemin par la montagne.

La journée s'avançait, et la chaleur croissait d'une manière désolante; j'avais beau regarder au loin vers l'horizon, je n'y apercevais nulle trace de château, ni d'habitation quelconque.

« *Pierissou*, dis-je enfin dans un moment de découragement, nous n'arriverons donc jamais au château du Saillant?.. en sommes-nous encore loin?

— Nous y serons pour souper, monsieur, répondit *Pierissou*.

— Comment l'entends-tu? répliquai-je avec vivacité, et à quelle heure soupes-tu? »

Pierissou se mit à rire en me regardant, puis il reprit : « Mais monsieur, je veux dire que nous y serons ce soir à six heures, car nous n'allons pas vite et il fait chaud, aujourd'hui, comme dans un four. Si vous m'en croyez, monsieur, nous laisserons nos chevaux se reposer une demi-heure à l'ombre de ces châtaigniers, qui sont à cent pas devant nous, et, nous-mêmes, nous nous y étendrons sur les mousses qui tapissent le terrain. »

J'acceptai la proposition de mon guide, et bientôt nous nous trouvâmes mollement étendus côte à côte sous l'ombrage des grands châtaigniers.

« Monsieur vient pour la première fois au Saillant? me dit *Pierissou*.

— Oui sans doute, répondis-je, je n'ai jamais visité ce diable de pays.

— Oh !.. fit *Pierissou* en se relevant sur son séant d'un air de profonde surprise, pas si diable, monsieur; le Saillant est un pays superbe, et quand monsieur aura visité les îles et le Saut du Saumon, il changera d'opinion à son égard.

— Le château est-il encore en bon état? demandai-je pour dire quelque chose, et pour tâcher d'ouvrir une nouvelle carrière à la loquacité de mon guide.

— Le château n'est pas absolument mauvais, cependant il n'est plus ce qu'il a été, au dire des anciens du pays. Mon grand-père en parlait toujours comme d'un château magnifique; mais la révolution l'a bien changé, monsieur, on a rasé presque toutes ses tours qui comblent actuellement une partie de ses fossés; des corps de bâtiment ont été entièrement démolis, et de toutes ses fortifications, il ne lui reste plus que la Vezère, au milieu de laquelle il est bâti.

— C'était donc jadis un beau château? demandai-je encore en me laissant presque aller au sommeil.

— Sans doute!.... sans doute, monsieur, et si mon grand-père vivait, il en aurait pour des heures à vous parler de la salle des Empereurs, toute pleine de grandes figures peintes sur la muraille, et de la salle des Seigneurs, où tous les anciens seigneurs du Saillant figuraient peints aussi sur la muraille en costume de guerre; mais le château a été si longtemps abandonné qu'il est bien misérable aujourd'hui au prix de ce qu'il a été jadis. Après cela, la famille du Saillant n'a plus la fortune qu'elle a eue; c'est bien différent, voyez-vous; avant la révolution, ils possédaient presque tout le pays, la vicomté de Comborn leur appartenait.

— Qu'est-ce que la vicomté de Comborn, *Pierissou?*

— Monsieur ne connaît pas non plus Comborn?... c'est juste, monsieur n'est jamais venu dans le pays. Comborn est un vieux château, maintenant à peu près détruit, placé à trois petites heures du Saillant dans les montagnes, au milieu des bois, sur la paroisse d'Orgnac.

— Et ce château appartenait jadis aux du Saillant?

— Oui, monsieur, ils l'avaient eu par alliance.

— Les Comborn étaient-ils riches et puissants dans le pays?

— Oui, monsieur, oui, ils étaient riches et puissants, mais ils étaient aussi bien méchants, et tout le monde vous parlera d'Archambaud *Jambe pourrie, l'enterreur de moines.*

— Qu'entendez-vous, Pierissou, par ce nom *d'enterreur de moines?*

— J'entends, monsieur, qu'*Archambaud Jambe pourrie*, seigneur de Comborn, était un vrai diable; on prétend qu'il avait fait un pacte avec Satan et jamais en effet plus mauvais seigneur n'a paru dans le pays. Pour un oui ou pour un non, il tuait sans pitié les pauvres moines des abbayes voisines de son château, et il y a encore, à Comborn, un puits tout rempli des ossements de ces malheureux.

— C'était, en effet, un méchant homme, répondis-je; » puis, comme nos montures avaient eu le loisir de se reposer pendant notre conversation, nous nous remîmes en selle et nous continuâmes notre voyage.

Je ne rapporterai pas ici toutes les histoires, plus ou moins véridiques, que Pierissou me débita avec son incroyable faconde, jusqu'au moment où nous aperçûmes le village et le château du Saillant; je ne dirai rien, non plus, de cette vieille demeure, dont mon guide m'avait fait un portrait assez exact, sinon que son aspect a tout à la fois quelque chose de majestueux et de triste, d'imposant et cependant de calme et de suave, qui porte à la mélancolie. Tout ce que la main des hommes a édifié en ce lieu, croule ou chancelle; le noble château démantelé n'est plus qu'une grande maison carrée, restée debout au milieu des ruines de ses tours et qui baigne dans les eaux limpides de la Vezère la pierre de ses fondations. Mais le paysage, la nature, l'œuvre du Seigneur est toujours la même; les rochers, les montagnes conservent leur aspect imposant et sévère; la rivière s'écoule toujours en gémissant à travers les quartiers de granit qui encombrent son lit; les îles qui forment le parc du château gardent leur fraîcheur et leur silence, et la belle chute d'eau que l'on nomme dans le pays le *Saut du Saumon* est encore un des points de vue les plus curieux que l'on puisse rencontrer en France.

Pendant mon séjour au Saillant, je passais presque toutes mes journées assis sur un fragment de granit, à la pointe de quelqu'une des îles dont je viens de parler, et bercé par le murmure des eaux de la Vezère, je me laissais entraîner à toutes les rêveries qui charment la solitude : souvenirs des temps passés, folles espérances de l'avenir, j'accueillais tout, joie, tristesse, car la joie et la tristesse ont une suave poésie qui détend les esprits les plus fatigués, les âmes les plus endolories.

Je visitais chaque matin un vieux meunier dont le moulin se trouvait sur mon chemin, et je prêtais souvent l'oreille à la narration des vieilles légendes limousines, qu'il racontait le dimanche soir, à quelques paysans ses visiteurs, avec une verve intarissable. Lui aussi faisait toujours revenir dans ses récits le nom d'*Archambaud Jambe pourrie*; lui aussi parlait des moines enfouis dans le puits de Comborn et de toutes les cruautés commises sur les habitants des couvents voisins. Lorsque le *père Lacoste,* ainsi se nommait le meunier, grondait quelque enfant du voisinage : « Attends !... attends, drôle, lui disait-il, *Gamba putrida*[1] va venir te prendre. »

[1] En patois limousin *Gamba putrida*, c'est-à-dire jambe pourrie.

Archambaud *Jambe pourrie* était donc le Croquemitaine du pays, la terreur des petits enfants, quelque chose comme le maréchal de Raiz; un être sur la limite du positif et du surnaturel. Tout cela finit par piquer ma curiosité; je voulus savoir quel avait été cet Archambaud de Comborn, cette terrible *Gamba putrida*, dont le nom seul était encore un objet de terreur.

Je m'adressai vainement à la plupart de mes voisins, mais nul d'entre eux n'en savait que ce que racontait le *père Lacoste*, c'est-à-dire le roman sous lequel disparaissait l'histoire, la légende merveilleuse et populaire. Enfin, je découvris, retiré dans une pauvre maison perdue au milieu des rochers, un pauvre et modeste savant, vivant loin de toute société avec ses livres, des parchemins, débris des anciens chartriers de la province et les ruines des châteaux et des couvents, dont il était le plus assidu visiteur. Cette trouvaille était une véritable bonne fortune pour ma curiosité; je me présentai un matin à la demeure du savant retiré du monde; il m'accueillit d'abord assez froidement, mais le soir venu, nous étions les meilleurs amis. J'aimais comme lui à fouiller les archives du passé, à interroger la poussière de tous les débris, et mon pauvre savant me parut aussi enchanté que je l'étais moi-même de cette communauté de goûts et d'études qui nous mettait en relation.

Nous nous fîmes bientôt de fréquentes visites, et pendant toute la durée de mon séjour en Limousin, nous fûmes bien peu de jours sans nous voir.

Un soir, nous étions assis, après dîner, à l'extrémité de la plus grande des îles du Saillant, et nous devisions, comme à l'ordinaire, des histoires et des choses du passé.

« Pourquoi donc, dis-je à mon nouvel ami, pourquoi donc le Limousin est-il un pays si peu connu et si peu visité? il est cependant rempli de souvenirs importants; les sites y sont admirables, et presque à chaque pas l'archéologue rencontrerait une mine à exploiter pour ses études. »

Mon vieux savant huma lentement une prise de tabac, qu'il avait plus lentement encore triturée entre l'index et le pouce de sa main droite, et après quelques moments de silence pendant la durée desquels il parut se recueillir, il me répondit d'un air de profonde tristesse :

« Hélas, mon cher monsieur, comment voulez-vous qu'il en soit autrement, nous sommes si dédaigneux de notre propre histoire, nous autres Français, on nous l'apprend si imparfaitement, c'est à peine si nous connaissons les noms de nos grands hommes !... Nous faisons tout en France par esprit d'imitation ; le jour où un Allemand, un Anglais, ou tout autre étranger daignera fouiller nos archives nationales, nous y attacherons peut-être plus d'importance. Souhaitons que ce moment arrive bientôt, avant que les derniers lambeaux de nos chroniques viennent à disparaître. Le petit nombre de Français qui voyagent suit perpétuellement les mêmes routes ; il visite la Suisse, l'Angleterre, l'Allemagne, l'Italie ; quelques esprits plus aventureux se hasardent aux voyages d'outre-mer, ils vont à la remorque d'autres voyageurs, et, leur itinéraire à la main, parcourir l'Égypte, l'Amérique et l'Asie. Mais qui songe, dites-le-moi, à visiter le Limousin ou le Périgord, ces deux provinces teintées en noir sur la carte indicative des progrès de la civilisation. Rome et Londres, Constantinople et le Caire sont mieux connus des Français que Limoges ou Périgueux.

Cependant, ajouta-t-il, nos montagnes mériteraient quelque attention; mais le romancier lui-même nous dédaigne, le romancier actuel n'a pas compris Walter Scott, il ignore quel puissant intérêt il lui est possible de tirer des souvenirs historiques d'un peuple; toute l'histoire n'est pas dans la grande histoire, véritable coquette aristocratique qui laisse de côté ce qui n'est pas royal. Nos archéologues eux-mêmes, ceux qui se sont donné la mission de déterrer le passé dans ses monuments, ne viennent pas les chercher en Limousin. Notre province, mon cher monsieur, est suivant le dire général, un pays perdu, un pays sauvage, où poussent des maçons et voilà tout.»

L'honnête antiquaire sourit doucement en terminant sa philippique par cette plaisanterie; puis, après un nouveau silence, il ajouta :

« Nous sommes riches en souvenirs des temps passés, mon cher monsieur, et tous les peuples qui ont pesé en bien ou en mal dans la balance des destinées de la France ont laissé dans le bas Limousin des traces de leur passage ou de leur domination. Les Celtes sont représentés par les monuments druidiques, on peut encore les voir debout près de *Chamberet,* au *Puy-du-Doignon,* à *Lubersac,* à *Vigeois,* autour de *Pompadour,* puis aussi au *Roc-de-Vic* qui paraît avoir été le centre de tous les monuments celtiques, le chef-lieu du culte druidique en bas Limousin. Dans ces diverses localités sont des *tumuli*, des *pierres levées* et des *dolmen*, mais personne ne les visite.

Les Alains, les Suèves et les Vandales ont traversé le Limousin; des traces d'incendie à

Tintignac, à Ussel et à Issandon témoignent encore de leur passage; les noms mêmes de nos villes gardent l'empreinte des temps anciens, conservent le cachet des peuples qui les ont fondées : *Brive*, en langue celtique *Briva*, pont, ou *Briga*, ville [1] : Issandon, nom latin, complétement latin, qui lui vient d'un temple consacré à Isis, *Isis-dunum* : Turenne et ses environs, habités jadis par la grande tribu celtique des *Lemovici* et que tous les historiens nomment *Pagus-Torinensis*. Que vous dirai-je, mon cher monsieur, presque chaque ville, chaque bourg, chaque village a un souvenir historique attaché à ses murailles ou à son nom. Près de St-Fortunade, sur un plateau d'où l'œil découvre au loin les montagnes du Cantal, nous rencontrons les *Peulvans* ou *Menhirs* [2]. Clair-Fage, le pic Rochau et celui de Sarjani, conservent

---

[1] Briga, vox quæ in nominibus locorum civitatem et pontem significat.
WALCHER, *Gloss. german.*

[2] *Crom leach*, ou dolmen, signifie pierre de *crom*, le dieu suprême; menhir, pierre longue; *peulvan*, pilier de pierre.

également des souvenirs druidiques; presque toutes nos collines sont sillonnées de circonvallations et de fossés, véritables fortifications celtiques!... Qui a visité tous ces lieux?... qui sait seulement leurs noms?... personne, monsieur, personne!...

Et le pic de *Pauliac*, qui sépare les vallées de la *Corrèze* et d'*Obazine*, ce pic ceint de rochers gigantesques rangés dans un ordre stratégique; le pic de *Chatellus*, *Castellum lucis*; le pic de Bernère, du mot celtique *Bern* ou *Vern*, qui veut dire montagne en forme de temple; tous ces pics, véritables forteresses celtiques ou gauloises, qui est venu les étudier?...

— Les traductions celtiques sont si incertaines, me hasardai-je à objecter.

— Incertaines!... incertaines, murmura le vieil antiquaire; je les trouve claires comme le jour, moi, monsieur, et je suis pas à pas dans le bas Limousin la grande nation *Gallo-Kimrique*. Je retrouve les *Lemovici* se soulevant contre les Romains, à la voix de *Vercingétorix*, auquel je vous demanderai la permission de restituer son véritable nom *Gaëlic, de Fear-cin-gotoir*, l'homme chef de l'expédition. Ils fournirent alors dix mille guerriers sous le commandement de Sedulius....

Mais je m'arrête, mon cher monsieur, car je me laisse entraîner à vous raconter toute l'histoire de notre chère province.

— Je ne m'en plains pas, mon cher antiquaire, m'écriai-je aussitôt, vous m'avez très-fort intéressé avec votre narration trop succincte de l'époque celtique en bas Limousin ; mais la domination romaine a-t-elle laissé autant de traces de son passage ?

— Sans aucun doute, reprit l'antiquaire avec une nouvelle ardeur ; près de Tintignac nous avons le *mont Jose* (mons Jovis); *Cerou*, qui vient de Cérès; *Bach* de Bacchus, *Jeneste* de Janus; *Soleilhavoul* de *Solumavulsum*, *Leuno* de *Luna*; et *Beaufort* de *Bello-fortis*. Puis, nous avons encore à Larche, dans l'arrondissement de Brive, des débris de bains romains, des tronçons de colonnes et des tuiles à rebords;

à *la Cippière* nous trouvons des monnaies appartenant aux Antonins; à Tintignac (Tintiniacum), de nombreux débris de riches sculptures attestent de la beauté des arènes qui y existaient. Vous pourriez même, mon cher monsieur, suivre le tracé de l'ancienne voie romaine, qui faisait communiquer Tintiniacum avec Rastiatum ou Limoges. Enfin, par ses mœurs, le Limousin appartient encore un peu à ses ancêtres les *Lemovici*, et à ses conquérants les Romains; les superstitions antiques se retrouvent dans les superstitions de nos montagnards.

— L'époque celtique ou romaine est beaucoup moins intéressante pour moi; je dois vous l'avouer, mon savant ami, que l'époque du moyen âge; j'aime avec passion tout ce qui me rappelle les siècles postérieurs à Karl le Grand; vous ne sauriez croire avec quel *intérêt* j'écoute les moindres récits qui se rattachent à cette période.

— Le moyen âge est encore plus curieux peut-être à étudier en ce pays, que les époques celtiques et romaines, dit l'antiquaire; vous êtes ici dans le château du Saillant, au quartier général le plus commode, pour qui veut étudier le moyen âge en Limousin. Aucune province de France n'a vu réunis sur un terrain aussi circonscrit autant de personnages renommés, ni plus d'illustrations aristocratiques; les légendes de saints ne manquent point à notre histoire, et les ruines d'un grand nombre de couvents montrent quelles étaient dans les siècles passés la puissance et la richesse de l'Église catholique. Le christianisme fut prêché dans nos montagnes vers l'an 250, par saint Martial, et il est bon de vous dire à ce sujet que ce grand apôtre de l'Aquitaine demanda et obtint un asile au château de Roffignac, et qu'en récompense de l'accueil qu'il y reçut, il versa les eaux du baptême sur toutes les têtes de la puissante famille des Roffignac.

— Je dois donc enregistrer les Roffignac parmi les plus anciennes familles limousines?

— Sans aucun doute, leur titre de premiers

barons chrétiens du Limousin indique aussi leur ancienneté; je vous donnerai mes notes sur l'histoire du Limousin, mon cher monsieur, et vous connaîtrez combien cette province est intéressante au point de vue historique comme au point de vue archéologique.

— Quelles curiosités archéologiques puis-je visiter pendant mon séjour au Saillant? quels souvenirs historiques puis-je fouiller? éclairez-moi, mon cher antiquaire, car je suis honteux de le dire; j'ignore complétement l'histoire du pays de mes pères. »

L'antiquaire me regarda pendant quelques secondes en silence; une expression de bienveillance et de satisfaction illuminait son honnête figure; enfin, d'une voix pleine d'émotion, il me répondit :

« Si vous me le permettez, mon cher monsieur, je serai votre précepteur et votre guide; nous partirons, le sac sur le dos, le bâton du voyageur à la main, et nous visiterons les ruines d'Issandon et de Malemort, de Turenne et de Ventadour ; puis nous remonterons jusqu'au château de Comborn, et je vous parlerai de toutes les familles puissantes qui occupaient ces demeures actuellement en ruines.

— J'accepte, m'écriai-je vivement, j'accepte de grand cœur; je veux, sous vos auspices, apprendre à connaître notre vieille province; ses montagnes, ses paysages pittoresques, ses ruines ont déjà vivement saisi mon imagination, mais jusqu'à présent, tout ce que je voyais était muet pour moi; maintenant le passé va prendre une voix, il va me révéler ses arcanes.

— Nous commencerons par le bourg de Saint-Viance, et je vous dirai la légende de *Vincentianus* dont nous avons fait Saint-Viance; je vous montrerai la belle châsse du XIII° siècle qui renferme ses reliques; puis nous irons au milieu des ruines d'Obazine, et nous y chercherons le souvenir de saint Étienne; à Brive, je vous dirai les lieux où saint Féréol et sainte Fortunata subirent le martyre....

— Je vous suivrai partout où vous voudrez me conduire, j'écouterai tout ce que vous voudrez me raconter; mais, je dois vous l'avouer, parmi tous les noms que vous m'avez cités, un a plus particulièrement frappé mon attention.

— Et lequel, demanda l'antiquaire?

— Celui des Comborn, mon savant cicerone; depuis que j'ai mis le pied en Limousin, ce nom-là revient sans cesse à mes oreilles; Archambaud *Gamba putrida* est le héros de toutes les légendes qui me sont racontées. On le nomme presque avec terreur, comme un personnage mystérieux, comme un être surnaturel. Cette terrible *Jambe pourrie* a massacré des centaines de moines et fondé des centaines de couvents; je crois même qu'il était tant soit peu ogre, si je m'en rapporte aux récits populaires.

— Les Comborn, mon cher monsieur, répondit sérieusement mon ami l'antiquaire, sont une des plus anciennes familles du Limousin; leur origine, comme le disent les généalogistes, *se perd dans la nuit des temps.* Je les crois venus dans nos montagnes avec les premières armées frankes qui les ont traversées, et telle était leur illustration dès les premiers temps de la conquête franke, que plusieurs familles féodales de l'Europe rattachaient leur origine à cette famille [1].

— Ce que vous me dites des Comborn me rend encore plus désireux de connaître leur histoire, et d'apprendre ce qui a pu donner lieu aux légendes barbares répandues sur l'un d'entre eux, qui avait pour surnom *Gamba putrida*.

— Hélas! ces légendes ne disent que la vérité; mais elles mettent sur le compte d'un seul les cruautés de tous les Comborn, et comme plusieurs de ces puissants vicomtes ont porté le nom d'Archambaud, l'erreur a été d'autant plus facile. Archambaud *Jambe pourrie* était fils de Raymond, premier comte de Quercy, qui, le premier, prit le titre de vicomte de Comborn; à la mort d'Aymar de Turenne,

---

[1] « Plurimi vetustorum heroum generis sui incunabula « ad eos Combornenses referunt. »
BALUZE, *Hist. Tutel.* p. 58.

en 984, il lui succéda dans la possession de la vicomté de Turenne, à laquelle il réunit les vicomtés de Comborn et de Ventadour, c'était donc un très-puissant seigneur. Il était de plus très-redouté de ses voisins, et la renommée de sa force et de sa bravoure s'étendait au loin. Ses exploits étaient racontés chez les peuples les plus éloignés et l'Europe savait son surnom de *Boucher*[1], qui lui avait été donné parce que, disait-on, il taillait ses ennemis sur le champ de bataille et les pourfendait avec le glaive, comme un boucher taille et pourfend les animaux de sa boucherie.

— C'était en effet un terrible homme qu'Archambaud *le Boucher*.

— A son époque c'était un homme dont tout le monde recherchait l'amitié, que tout le monde admirait et auquel Richard sans Peur, duc de Normandie, donna sa sœur en mariage.

---

[1] « Macellarius cognominatus est, quia sicut carnifex
« carnes securi in macello, sic iste truncabat ense hostes in
« bello. »
Gauf. *Vosiensis*.

Geoffroy de Vigeois, dans sa chronique, prétend qu'il accepta plusieurs combats singuliers pour défendre l'honneur de la femme de l'empereur Othon IV. Mais Geoffroi de Vigeois se trompe, et si jamais Archambaud a soutenu par les armes l'honneur de quelque femme, ce doit être celui d'Emma, femme de Lothaire, princesse très-galante.

— Jusqu'à présent, je ne comprends pas pourquoi cet Archambaud est connu sous le surnom de *Gamba putrida*.

— Patience, nous y arrivons. Archambaud, après la mort de sa première femme, sœur du duc de Normandie, épousa Sulpicia, fille du vicomte de Turenne; à la mort de son beau-père il eut à soutenir une guerre contre Ranulfe Cabridel, vicomte d'Aubusson, époux d'une sœur de Sulpicia. Ranulfe Cabridel prétendait au partage de la vicomté de Turenne; il s'était emparé du château de ce nom et s'y défendit longtemps contre Archambaud qui, cependant, finit par l'emporter d'assaut. Pendant l'attaque, Archambaud, qui brisait les portes de la citadelle féodale à grands coups de hache, eut une jambe prise entre les deux battants de la porte principale; sa jambe fut cruellement meurtrie et jamais il ne put guérir complétement cette blessure. C'est ainsi qu'Archambaud le Boucher fut surnommé *Gamba putrida*.

— Je comprends maintenant la cause du surnom, m'écriai-je en souriant, l'explication est de la plus grande lucidité, mais je ne m'explique pas encore cette renommée de tueur de moines qui lui a été faite.

—Je vous l'ai déjà dit, mon cher monsieur, la plupart des Comborn ont porté le nom d'Archambaud, et les traditions populaires appliquent à un seul individu ce qui est l'œuvre de plusieurs. Puis enfin, tous les crimes des Comborn sont revenus de droit au premier Archambaud, dit *Gamba putrida*, parce qu'il est demeuré le plus célèbre de tous les Comborn par sa réputation de courage. Ainsi ce fut Archambaud III qui, dans un jour de colère, massacra douze moines de l'abbaye de Tulle, et, pour expier son crime, car les Comborn, s'ils tuaient volontiers, expiaient toujours et rachetaient leurs crimes par quelques pieuses fondations, il donna, en 1071, la chapelle de Saint-Genest à Saint-Martin de Tulle et fonda l'abbaye de Meymac de l'ordre de Saint-Augustin [1].

Archambaud V ne tua qu'un moine et fonda l'abbaye du Glandier. D'autres Comborn ont commis des crimes : Èbles II déshonora publiquement la femme de son oncle Bernard et il fut tué par Étienne de Bossac, mais la mémoire d'Archambaud reste chargée de ces forfaits.

Les Comborn étaient une race hardie et guerrière; ils ont eu les qualités et les défauts des hommes des siècles dans lesquels ils ont vécu; il ne faut pas les isoler de leur époque pour les juger; les récits populaires sont toujours appuyés sur quelque fait vrai, je le sais; cependant, pour ne pas être induit en erreur,

---

[1] Mabillon, tom. V.

il est nécesaire de les discuter et de les critiquer avec la vérité historique. Au milieu des ruines du château de Comborn, je vous raconterai une chronique inédite relative à Archambaud V; je ne dissimulerai rien, je n'embellirai ni n'enlaidirai ce vieux chef de nos montagnes au xiie siècle, et vous pourrez alors prendre une juste idée de ce fier vicomte.

— Vous me rendez plus impatient encore de notre excursion au château de Comborn.

— Je vous demande seulement deux jours pour mettre en ordre mes notes et mes souvenirs, et je serai à vos ordres.

— N'existe-t-il plus de descendants de cette puissante famille aujourd'hui?

— Non, mon cher monsieur, elle s'est complétement éteinte vers le commencement du xvie siècle, mais les plus grandes familles du Limousin tiennent à honneur d'avoir eu des alliances avec elle. Les Comborn ont commencé par Archambaud Jambe pourrie au xe siècle et ils ont disparu en 1508 avec Armanieu, vicomte de Comborn, baron de Treigniac, seigneur de Chambaret, de Camboulive, de Beaumont, de Rochefort et de Saint-Salvadour. Hors de nos montagnes leur nom est presque ignoré, et les Limousins ne peuvent indiquer, parmi les ruines des abbayes semées sur les terres de leur province, où sont leurs tombeaux. Aujourd'hui personne ne s'occupe de nous, personne ne nous visite, nul n'est curieux de notre passé; nos chroniques demeurent inédites, et cependant pittoresquement et historiquement, quelle ample moisson le poëte, l'historien ou le romancier ne pourraient-ils pas récolter dans le bas Limousin! Que de sonores échos à réveiller dans nos vallées, dans les gorges étroites de nos montagnes!... Que de nobles traditions a recueillir!... que de beaux noms à citer : les Comborn, les Turenne, les Ventadour, les Lastours, les Ségur, les Noailles, les Lasteyrie du Saillant, les d'Aubusson!... Hélas! hélas, voici la première fois depuis bien des années qu'il m'est accordé de rencontrer une oreille attentive à mes récits du passé. Nos jeunes savants qui sortent des écoles, croient connaître l'histoire de leur pays, et ils ne savent, mon cher monsieur, que les titres de quelques chapitres. La France n'a pas toujours été un état homogène, un tout composé de parties égales; le roi de France avant d'être roi absolu n'était que le chef de l'aristocratie, et alors chaque province avait son histoire particulière distincte de l'histoire des autres provinces. La fusion des races ne s'était point opérée, et entre le Frank du Nord et le Gallo-Romain du Midi il existait des haines profondes. Je m'arrête, la nuit est tout à fait venue, j'oublie en parlant de mon pays qu'il me faut au moins une heure pour regagner mon modeste toit.

— Couchez au Saillant, dis-je à mon antiquaire, consentez à dormir sous les vieilles poutres du château de Guy-de-Lasteyrie, votre sommeil sera tout peuplé des songes du passé.

— Non, mon cher monsieur, je vous remercie, répondit l'antiquaire en souriant doucement, il faut que je regagne ma demeure, ma vieille servante me croirait perdu dans quelque précipice, si je ne rentrais pas ce soir.

— N'oubliez pas notre course à Comborn, dans deux jours je vous attends le sac sur le dos, le bâton du voyageur à la main.

— Dans deux jours je serai ici avec toutes mes notes. Tout autant que vous je brûle de commencer notre voyage d'exploration; adieu, adieu, mon futur compagnon de voyage, préparez vos yeux et vos oreilles. »

Après ces derniers mots, mon ami l'antiquaire reprit son cheval et, traversant le pont jeté sur la Vezère, il s'éloigna dans la direction d'Allassac.

Aujourd'hui je viens livrer au public le récit que m'a fait l'antiquaire limousin, la chronique d'Archambaud V, vicomte de Comborn. Je viens lui répéter les paroles que j'ai entendues sur les rochers élevés de Comborn et au milieu des ruines de la vieille citadelle féodale; les noms des hommes les plus illustres sont oubliés par les populations limousines, mais le souvenir des guerres anciennes y est encore puissant. La chronique d'Archambaud est un épisode emprunté à l'histoire de ces guerres.

Au XIIe siècle, Éléonore de Guyenne, répudiée par le roi de France Louis VII, apporte à son second mari, Henri II d'Angleterre, toute la France occidentale, depuis Nantes jusqu'aux Pyrénées; de ce mariage naissent trois fils : Henri le Jeune, Richard Cœur de Lion et Jean sans Terre ; tous trois avides de pouvoir, tous trois sans scrupule pour dépouiller leur père. Tout le monde connaît les guerres interminables que ces princes, tour à tour révoltés contre Henri II, et soutenus par leur mère, entretinrent dans les provinces méridionales de la France. Alors le Périgord et le Limousin servirent de théâtre à ces sanglants et parricides débats; et, dans les courts moments de trêve que s'accordaient les princes anglais, les mercenaires qu'ils tenaient à leur solde pillaient le pays pour leur propre compte. La chronique d'Archambaud de Comborn raconte un des mille épisodes de ces guerres sanglantes.

C'est un essai dont l'auteur ne se dissimule

pas les difficultés. Les chroniques des familles historiques ont pour but d'appeler l'intérêt des lecteurs sur les histoires particulières de nos provinces ; de porter de plus en plus l'attention publique vers nos antiquités nationales, et de prouver que l'histoire particulière des familles est presque toujours un chapitre inconnu de l'histoire générale.

ARCHAMBAUD DE COMBORN

ARCHAMBAUD DE COMBORN.

CHAPITRE PREMIER.

LES DEUX VEILLEURS.

Le soleil se couchait derrière les hauteurs de la petite ville de Voutezac, située dans la partie la plus montagneuse du bas Limousin, presque à l'entrée des gorges granitiques d'où descend la Vézère, après avoir baigné les rochers sur lesquels est bâti le château du puissant et redouté vicomte de Comborn. Ce soleil, qui éclairait d'un dernier reflet les bois épais des montagnes, n'envoyait point sur la terre de rayons bienfaisants ; c'était plutôt une sorte de lueur presque blafarde, dont un vent âpre et piquant rendait la faible chaleur sans puissance et sans vivification. Le givre blanchissait de légers glaçons les branches encore dépouillées des arbres, et la terre craquait sous le pied des bêtes fauves. Au mois d'avril, dans les forêts qui garnissaient en 1177 les montagnes du bas Limousin, le froid se faisait vivement sentir, aussitôt après le coucher du soleil. Peu de voyageurs se mettaient en chemin, ou voulaient se trouver sur la route de Voutezac et d'Allassac[1] à Brive, lorsque la nuit commençait à couvrir de ses ombres les maigres plaines de Saint-Viance[2].

[1] Voutezac et Allassac, petites villes situées dans les montagnes du bas Limousin ; elles dépendaient alors de la vicomté de Comborn ; aujourd'hui elles sont deux communes de l'arrondissement de Brive, département de la Corrèze.

[2] Petit village fort ancien. Il y avait jadis un château appartenant à la famille de Saint-Viance, dont la dernière

D'ailleurs, à cette époque reculée, il y aurait eu peu de sûreté pour un voyageur à s'aventurer la nuit sur les chemins dans cette partie du bas Limousin. C'est à peine si en plein jour, et avec de fortes escortes d'hommes d'armes aguerris, le vicomte de Comborn osait dépasser le bourg de Saint-Viance. Les querelles et les guerres du roi d'Angleterre Henry II et de ses fils avaient infesté le pays de bandes de pillards, agissant et guerroyant pour leur propre compte pendant les courts moments de paix que les princes anglais laissaient écouler entre les différentes phases de leur querelle. Ainsi le pays pillé, ruiné, dévasté par les armées du roi d'Angleterre ou par celles de ses fils, ne profitait même pas de la suspension de ces guerres. Les aventuriers dont se composaient les armées des princes et des seigneurs de leur parti venaient, après les guerres de leurs chefs, ajouter de nouvelles

---

héritière porta, vers la fin du xviie siècle, tous les biens dans la famille du Saillant.

ruines aux ruines qu'elles avaient faites : l'incendie dévorait les hameaux, les villages, quelquefois aussi les riches abbayes et les châteaux que le petit nombre de leurs défenseurs faisait tomber entre leurs mains. Ce n'était de tous côtés que plaintes et désolations, et la domination anglaise était maudite par les pauvres manants et par la plupart des seigneurs du Limousin et du Périgord.

Ces aventuriers, que le peuple nommait *Routiers*, *Brabançons* ou *Cotereaux*, venaient de s'établir au château de Malemort [1], dont ils s'étaient emparés. De ce château, puissamment fortifié, ils inquiétaient la ville de Brive et toutes les campagnes environnantes; les villages étaient abandonnés, les terres demeuraient

---

[1] Malemort, appelé aussi Beaufort (*Bello-fortis*) dans les premiers siècles du moyen âge, château-fort très-important, qui datait de l'époque romaine, et était situé non loin de Brive, à l'extrémité d'une colline qui domine la plaine arrosée par la Corrèze. D'immenses débris couvrent encore cette colline, et permettent de reconnaître les diverses enceintes du château.

incultes, et la famine commençait à se faire sentir dans les villes encombrées de paysans, qui, de tous les points menacés, étaient venus y chercher un refuge.

Les champs de Saint-Viance, d'Allassac et de Voutezac demeurèrent sans culture pendant les premiers mois de cette funeste année 1177. Toute cette longue plaine, qui s'étend de Brive jusqu'au col du Saillant, offrait l'aspect d'un désert; les arbres avaient été coupés, et le vent du soir, ne trouvant plus aucun obstacle pour arrêter sa fureur, faisait entendre sa rude et triste voix comme un gémissement, comme la plainte d'un mourant qui appelle un vengeur. Dans les villes, le peuple éclatait en imprécations contre les Anglais; et là où il n'y avait plus de peuple, là où tout était silence et désert, la nature elle-même les accusait par son deuil et par sa désolation.

Cinq heures du soir sonnaient au clocher de la vieille église de Saint-Viance[1], et du haut

---

[1] Le village de Saint-Viance possède une vieille église en

de leurs fortes positions sur les montagnes les clochers voisins de Voutezac et d'Allassac lui répondaient, lorsque deux hommes, enveloppés dans de grands manteaux et montés sur des petits chevaux du pays, se rencontrèrent à la jonction des deux routes de Voutezac et d'Allassac, à l'endroit où un bac servait alors à transporter le voyageur de l'autre côté de la Vezère. Ces deux hommes, avant de s'aborder, s'examinèrent avec défiance, et firent reculer leurs chevaux pour établir entre eux comme un champ de combat, dans le cas où ils seraient obligés d'en appeler à la force des armes.

— Qui es-tu? dit le plus grand des deux voyageurs, dont le manteau, en s'entr'ouvrant, laissa voir un lion brodé sur le côté droit d'un pourpoint d'étoffe brune. Qui es-tu? répéta-

---

assez mauvais état. Sa construction paraît antérieure au xi° siècle. On y conserve une magnifique châsse de Saint-Viance, et les curieux s'arrêtaient encore, il y a deux ans, devant une bannière suspendue à la voûte de la nef, mais on l'a fait disparaître depuis peu.

t-il, ami ou ennemi? Anglais ou Limousin? réponds sans tarder davantage, car je suis pressé.

L'homme auquel ces questions s'adressaient ne sembla nullement s'en émouvoir; la taille élevée, la hardiesse de son interrogateur et les armes que l'on apercevait sous son manteau ne firent naître en son âme aucune crainte; car lui aussi était armé d'un large coutelas et d'un fort épieu; et, s'il était plus petit que le cavalier auquel il était opposé, la vigueur peu commune de ses membres, la carrure athlétique de ses épaules semblaient devoir rétablir l'équilibre entre eux dans un combat, s'ils se voyaient forcés d'en venir aux coups.

— Qui je suis? répondit-il; par Saint-Bonnet la question est belle. Comment, maître Pierre, vous ne reconnaissez pas Bernard de Voutezac, votre confrère, le veilleur des tours de cette ville, comme vous êtes le veilleur des tours de Comborn? Le givre vous a-t-il aveuglé, ou bien quelque joyeux compère vous a-t-il trop abreuvé pendant votre voyage?

— Qui vous reconnaîtrait sous votre lourd manteau, ami, reprit d'une voix radoucie le veilleur des tours de Comborn. C'est à peine si je puis entrevoir le bout de votre nez sous l'énorme bonnet de feutre dont les bords tombent jusqu'à votre collet. Non, non, ami Bernard, si le givre a gercé mes lèvres et desséché mon gosier, je n'ai trouvé personne pour le rafraîchir ; des pics du Saillant aux côteaux de Brive, le pays est si ruiné et si désert, qu'on n'y aperçoit pas une figure humaine ; Saint-Viance seul est encore debout parmi toutes les ruines qui couvrent la plaine ; mais Saint-Viance, dans la crainte d'une surprise, ne laisse aucun voyageur entrer dans ses murs.

— Je sais tout cela comme vous, maître Pierre, et j'ai même vu ce matin les maudits Brabançons, que le ciel confonde, chasser devant eux, comme un troupeau de porcs, les pauvres habitants de Brive, qui étaient sortis de leurs murailles pour chercher du bois et des racines dans les champs. Mais il n'y a plus ni bois ni racines ; les Brabançons ont tout pris, murmura Bernard d'une voix douloureuse.

— Vous avez donc été jusqu'à Brive, s'écria Pierre le veilleur. Comment alors ne nous sommes-nous pas rencontrés ? car moi aussi j'étais ce matin à Brive.

— Comment?... mon cher confrère, cela est tout simple, vous n'avez sûrement pas plus suivi les routes frayées, que je ne les ai suivies moi-même. C'est à partir de Saint-Viance que je me suis décidé à m'aventurer sur cette route, et peut-être n'est-il pas bon de nous arrêter trop longtemps dans ce lieu. J'ai vu, il y a quelques heures, un parti de routiers se mettre en campagne.

— Soyez sans crainte, ami, repartit d'un air d'importance le veilleur de Comborn, les brigands n'oseraient s'approcher de notre château; monseigneur Archambaud, ils le savent bien, les ferait repentir de leur audace.

— Oui, mais nous n'en serions pas moins assommés.

— Encore une fois, soyez sans crainte, mon brave ami, les Brabançons sont trop occupés en ce moment pour pouvoir vous causer aucune inquiétude; ils ne songent qu'à se préparer à bien se défendre, et c'est à peine s'ils auront assez de leurs vingt compagnies pour résister aux troupes qui vont marcher contre eux.

— Est-ce bien certain? demanda le veilleur de Voutezac; leurs compagnies sont fortes et composées de diables d'enfer qui ne craignent ni Dieu, ni les hommes; jusqu'à présent, ils n'ont pas eu grand souci de tous nos seigneurs, ni des fiers bourgeois de Brive. Il y a tout au plus huit jours qu'un de leurs partis est venu fourrager à moins d'un trait d'arbalète de la porte Corrèze; ils ont même poussé jusqu'à Tulle.

— Oui, sans doute, oui reprit l'homme de Comborn, mais Brive et Tulle leur ont résisté et les compagnies ont regagné honteusement leur repaire de Malemort avec quelques bandits de moins; aujourd'hui tout le pays s'arme contre eux; le charpentier de la ville du Puy[1], auquel la benoite sainte Vierge (et le veilleur de Comborn fit le signe de la croix) s'est montrée pendant son sommeil, a réveillé le courage des habitants; les bourgeois de Brive, et ceux de Tulle, les manants de la plaine et de la montagne se rangent sous la lance de leurs seigneurs ou de leurs consuls; je vous le dis encore une fois, les Brabançons et leur damné chef Leclerc commencent à redouter le châtiment dû à leurs crimes.

— Dieu le veuille, répondit le veilleur de Voutezac, nos habitants ne manqueront point au rendez-vous de toutes les paroisses, je viens de porter une lettre aux consuls de Brive pour les en prévenir.

— Et le vicomte de Comborn marchera à

---

[1] Le charpentier de la ville du Puy venait de former, sous l'invocation de la Vierge qui, disait-il, lui avait apparu en songe, une association dans le but de protéger les personnes et les communautés religieuses contre les soldats étrangers.

(Voyez Rigondus, *Vita Philippi Augusti.*)

votre tête, mon brave ; car si je suis en route à cette heure, c'est qu'il m'a fallu parcourir tous les villages de la plaine et de la montagne, tous les repaires où se sont cachés les serfs de la vicomté, pour leur faire parvenir les ordres de monseigneur Archambaud ; j'ai également prévenu les consuls de Brive. L'abbé de Saint-Martial de Limoges [1] a soulevé tout le pays par son sermon du jour des Rameaux ; ce brave abbé Isambert a mis sur pied une armée; le même cri de guerre se fait entendre depuis Limoges jusque dans les gorges reculées de Saint-Robert [2] : *Mort aux routiers.*

Est-il vrai, demanda Bernard, que notre vénérable évêque de Limoges, malgré son

---

[1] « Enfin, Isambert, abbé de Saint-Martial de Limoges, « attristé des cris de détresse qui s'élevaient de tous les « côtés, profita de la cérémonie du jour des Rameaux pour « exciter tout le monde à prendre les armes. »

(*Histoire politique, civile et religieuse du bas Limousin*, par F. Marvaud, membre de l'Institut historique de France, professeur d'histoire, etc.)

[2] Saint-Robert, petit bourg fort ancien, situé dans les montagnes qui séparent le Limousin du Périgord.

grand âge et la perte de ses yeux, daigne marcher avec nous?

— Rien n'est plus vrai, le digne évêque Gérard [1] a quitté l'abbaye de Grammont; l'abbé Isambert est avec lui, armé de la fameuse croix que Guillaume Vidal a rapportée de la Terre sainte.

— Alors nous verrons abbé contre moine, dit en riant le veilleur Bernard. On prétend que Leclerc n'est pas le nom du chef des Brabançons, et s'il est ainsi surnommé, c'est que, avant d'être bandit, il a été moine; on assure même qu'il a eu maille à partir avec quelques-

---

[1] « La noblesse du Limousin, excitée par les exhorta-
« tions du clergé, vint prier Gérard, évêque de Limoges,
« vieillard aveugle, aux cheveux blancs, retiré depuis quel-
« que temps dans l'abbaye de Grammont, de l'accompa-
« gner, de bénir ses armes et ses enseignes. Le prélat con-
« sentit à sortir du cloître où il vivait dans la paix et la
« prière, et suivit son troupeau. Il fut accompagné de
« l'abbé Isambert, tenant à la main une croix que Guil-
« laume Vidal avait apportée de la Terre sainte avec les os
« de sa femme, morte dans ce pèlerinage, et qu'on regardait
« comme les reliques d'une sainte. »

(*Histoire civile*, etc., *du Limousin*; par F. Marvand, etc.)

uns de nos seigneurs ; car ce Leclerc a été un vaillant chevalier avant d'entrer dans un couvent [1] ; on raconte...

—Laissons, si vous m'en croyez, ami Bernard, ce que racontent les commères ; et occupons-nous des ordres qui nous ont été confiés.

—Comme vous voudrez, maître Pierre, je n'aime pas plus que vous à me mêler des affaires de nos seigneurs; il n'y a jamais rien de bon à gagner pour nous autres, petites gens, dans leurs démêlés. Ce qu'il y a de certain, c'est que Leclerc n'aime pas plus les moines que monseigneur le vicomte de Comborn ne les aime; il tue tous ceux qui tombent sous sa main, après leur avoir toutefois fait donner l'absolution à ses bandits; quant à monseigneur Archambaud....

— Bernard!... Bernard!... retenez votre langue, si vous ne voulez qu'il lui arrive mal-

---

[1] « Ces aventuriers avaient pour chef Guillaume, sur-« nommé *Le Clerc* parmi les siens, parce qu'il avait été « moine. »

(*Histoire civile*, etc., *du Limousin*, par F. Marvand.)

heur ; monseigneur Archambaud n'est pas si ennemi des moines que vous le supposez. Jehan l'écuyer est allé trouver l'abbé d'Obazine, il y a quelques jours, et nous attendons aujourd'hui ou demain un envoyé de ce saint prêtre.

— Un moine d'Obazine à Comborn ? s'écria Bernard : comment vient-il mettre sa tête dans la gueule du...

— Silence, encore une fois, maudit bavard; il vous en cuira, Bernard, mon ami ; vous finirez par connaître le chanvre de Comborn, et vous vous balancerez avant l'hiver aux créneaux de la tour qui s'élève si haut sur les bords de la Vezère.

Que Dieu, tous les saints et saintes du paradis et la benoite vierge Marie, m'en préservent, murmura Bernard en pâlissant d'effroi ; vous ne voudriez pas, maître Pierre, dénoncer un ami ?

— Soyez donc plus retenu, mon collègue, acquittons-nous de nos messages en rentrant, vous à Voutezac, et moi à Comborn ; avant peu nous nous reverrons et nous boirons un bon verre d'hypocras pour vous desserrer le gosier que la peur de la corde a singulièrement rétréci.

Et les deux veilleurs allaient se quitter après s'être donné une poignée de main, lorsqu'un moine, monté sur une vigoureuse mule, leur apparut tout à coup sur la route de Brive et s'avança vers eux.

CHAPITRE II.

LE MOINE.

Pax Domini sit semper vobiscum, dit le moine en s'approchant des deux veilleurs.

Et cum spiritu tuo, répondirent les deux vassaux de Comborn; puis ils firent dévotement le signe de la croix et examinèrent en silence le voyageur et sa mule vigoureuse.

Le nouveau venu leur parut, au premier

abord, autant qu'un examen attentif leur permit de le distinguer sous le capuchon qui cachait en partie sa figure, et sous le large froc dont il était couvert, un homme d'une haute stature; ses membres vigoureux semblaient plutôt appartenir à un soldat qu'à un habitant des cloîtres. Il conduisait sa mule avec une hardiesse qui dénotait une grande habitude des exercices du cavalier, et ne semblait nullement embarrassé de voyager ainsi perché sur le dos d'une bête vive et peu docile, par les chemins pierreux et profondément sillonnés de fondrières qui étaient et sont encore sur beaucoup de points les seules routes du pays.

— Suis-je loin du château de Comborn? demanda-t-il d'une voix rude et brève, dont il cherchait vainement à adoucir l'expression.

— Si votre mule est bonne, mon père, répondit Pierre, et qu'elle soit habituée aux sentiers de nos montagnes, vous serez à Comborn avant l'heure du couvre-feu.

—Indiquez-moi donc le chemin qu'il faut

suivre, et prenez garde de m'induire en erreur, car le châtelain de Comborn m'attend, et il n'aime pas à attendre longtemps.

A ces mots Bernard et Pierre, poussés par l'instinct de la curiosité, se rapprochèrent du moine. Ils espéraient surprendre sur son visage le secret de l'entrevue demandée par le vicomte à un moine de l'abbaye d'Obazine.

Mais soit hasard, soit volonté du moine, son capuchon se rabattit, à l'instant, sur sa figure, et les deux veilleurs ne purent rien distinguer sous son étoffe de laine brune et épaisse; Bernard seulement affirma depuis qu'il avait entrevu deux gros yeux ouverts et flamboyants comme ceux de l'esprit des ténèbres.

— Un de vous deux veut-il me montrer le chemin? répéta le moine d'un ton plus bref et plus dur.

— Si vous êtes la personne que monseigneur le vicomte de Comborn a envoyé quérir au couvent d'Obazine [1], répondit Pierre, je vous

[1] L'abbaye d'Obazine avait été fondée par saint Étienne

servirai de guide jusqu'à son château.

— Et comment savez-vous que votre maître a envoyé quérir quelqu'un à l'abbaye d'Obazine? demanda le moine d'un air étonné.

— Parce que son écuyer Jehan a été chargé de cette commission et qu'elle lui a été donnée en ma présence, dit Pierre, car il faut que vous sachiez, ajouta-t-il en se redressant avec une sorte de fierté, que je suis le veilleur du donjon de Comborn.

— Et bien! l'ami, si vous êtes le veilleur du donjon de Comborn, conduisez-moi à l'instant devant votre maître ; je suis l'homme qu'il a envoyé chercher, celui qu'il attend, en un mot, je viens d'Obazine.

— Et qu'avez-vous fait de notre écuyer, ré-

---

au commencement du XIIe siècle. Saint Étienne en avait été le premier abbé en 1142. Cette abbaye était de l'ordre de saint Benoît. Saint Bernard, en revenant de visiter le cloître de Cadouin en Périgord, s'arrêta à Obazine, et, pour soutenir le zèle du fondateur et la foi de ses disciples, il se montra à eux revêtu de l'habit de Cîteaux qu'il avait reçu d'un autre saint Étienne.

vérend père; pourquoi ne vous a-t-il pas servi de compagnon de voyage?

— Pourquoi!.. pourquoi!.. marmota le moine, après un moment d'hésitation, parce qu'il a dû rester jusqu'à demain à Brive pour s'entendre avec les consuls sur différentes affaires importantes. Mais la nuit devient à chaque instant plus noire; si nous ne voulons pas nous casser le cou, il est temps de nous mettre en marche; passez devant moi, veilleur de Comborn, et je vous suis.

Pierre et Bernard se donnèrent la main avant de se quitter, et Bernard, se penchant à l'oreille de son collègue, lui dit, de manière à ne pas être entendu du moine :

— Prends garde à toi, Pierre, je n'aimerais pas à voyager avec ce moine; il a plutôt l'air du diable que d'un honnête religieux; je n'ai aperçu que ses yeux, mais ils brillent sous son capuchon comme deux tisons d'enfer.

— Ne crains rien, ami Bernard, j'ai sur moi une croix bénie par monseigneur l'évêque de Limoges, et le diable n'oserait s'attaquer à celui qui porte ce signe de notre rédemption.

— Va donc, et que Saint-Pardoux et Saint-Viance te soient en aide.

Ayant ainsi achevé leurs adieux, les deux amis se séparèrent. Bernard appela longtemps le pasteur avant que celui-ci osât sortir de sa cahute de terre pour reconnaître qui invoquait son aide, ami ou ennemi; quant à Pierre, il rejoignit le moine qui l'attendait à quelques pas, et tous deux quittant les chemins battus, commencèrent à gravir la montagne qui domine les îles où fut bâti plus tard le château du Saillant.

La nuit était tout à fait close; de gros nuages interceptaient la lumière vacillante des étoiles, et le vent, qui n'avait pas cessé de se faire entendre depuis le matin, semblait redoubler de fureur. Au pied des rochers de granit, la Vezère bruissait écumante en se brisant sur les gros fragments de roche que les orages et l'hiver avaient détachés de la montagne et roulés dans son lit; le bruit d'aucun être vivant ne se mêlait à cet effrayant concert, à cette lugubre harmonie des voix de la terre et du ciel. Sur le penchant de la montagne, les châtaigniers aux immenses branches craquaient dans leurs membrures et semblaient devoir être déracinés par la violence de la tourmente. De temps en temps, un caillou roulant sous les pieds des montures du moine et de son guide, était précipité du haut de quelque masse de granit dans le lit de la rivière, et le bruit de sa chute permettait seul de juger à quelle hauteur on se trouvait élevé au-dessus du précipice, car l'obscurité de la nuit était telle, qu'à deux pas de soi il était impossible de rien distinguer.

Le moine se tenait ferme sur sa selle et ne paraissait ni effrayé, ni étonné, soit de la tempête et de l'obscurité de la nuit, soit du danger qu'offrait le voyage qu'il avait entrepris. Jamais il n'adressait une question à son guide, jamais il ne s'arrêtait pour réciter une oraison comme avaient coutume de le faire à cette époque les voyageurs surpris par quelque danger.

Alors, malgré toute sa fermeté, Pierre, impressionné sans doute par l'horrible solitude des lieux qu'ils traversaient, par la tempête, dont la fureur redoublait à chaque moment, et peut-être aussi par le souvenir des paroles de son ami le veilleur de Voutezac, ne put se défendre d'une sorte de terreur. Peu à peu il en vint à douter si le personnage qu'il conduisait était bien réellement un moine, ou si, comme Bernard le lui avait murmuré à l'oreille, ce n'était pas plutôt le diable lui-même sous l'habit d'un moine. Jamais il n'avait vu un religieux, de quelque ordre que ce fût, ni aussi hardi cavalier, ni aussi courageux par une nuit semblable et par un tel chemin; et ce qui, plus que tout le reste, lui paraissait inexplicable dans la conduite du moine, c'était cette absence totale d'invocations à Dieu et à ses saints; alors que lui, le veilleur des tours du seigneur de Comborn, aussi peu dévot que son maître, ayant, comme son maître, mené pendant bien des années plutôt la vie d'un païen que celle d'un chrétien, ne pouvait s'empêcher de se recommander à haute voix à monseigneur Jésus-Christ et à tous les saints.

Plus les deux voyageurs s'élevaient au-dessus de la plaine, plus le pays devenait sauvage, les châtaigniers plus rares et les aspérités des rochers plus aiguës; des mousses et des fougères croissaient en abondance sur ce sol ingrat, et nul vestige d'habitation, nulle ruine n'indiquaient la présence des hommes en ces lieux à aucune époque. Déjà, depuis deux heures, le moine et son guide s'avançaient péniblement, luttant contre la tempête et contre les difficultés du chemin; jusqu'alors nulle parole n'était sortie de leurs lèvres, et Pierre le veilleur ne paraissait pas disposé à rompre le premier le silence, tant son compagnon avait fini par lui inspirer de crainte; lorsque celui-ci, pendant une halte accordée à leurs montures fatiguées, se tourna du côté des précipices, et, plongeant son regard vers les eaux de la Vezère, qu'une éclaircie de nuages permettait d'entrevoir dans les brumes des bas-fonds :

— Camarade, dit-il au veilleur, qui s'agite là-bas sur les bords de la rivière comme les canards d'une basse-cour sur le bord d'une mare?

— Hélas! répondit Pierre rappelé à lui par cette brusque interrogation, et faite du ton d'une amère raillerie, ce sont sans doute nos bonnes gens de Comborn et tous les manants réfugiés dans nos bois, qui sont occupés à chercher la nourriture de demain. Monseigneur leur a permis de venir pêcher au Saut-du-Saumon [1] et sur toute la rivière jusqu'à la pointe de Comborn.

---

[1] Le Saut-du-Saumon est un des sites les plus pittoresques du bas Limousin; il se trouve à l'extrémité du parc de M. le marquis du Saillant, et fait partie de sa propriété. Les rares voyageurs qui visitent cette partie de la France viennent admirer la chute que fait la Vezère en cet endroit, son lit resserré entre les rochers élevés qui la bordent des deux côtés, la rapidité de son cours et les énormes blocs de granit qui encombrent ses eaux. Ce lieu est nommé le

— Les vivres commencent donc à manquer dans la vicomté du noble Archambaud? demanda encore le moine.

— Et comment voudriez-vous qu'ils ne manquassent pas, mon père? les maudits Brabançons ont tout brûlé, tout détruit dans la vallée; non-seulement le manant des plaines n'a plus d'habitations, mais il n'a pas de pain, car il n'y a pas de récolte à espérer cette année, et les grains de l'année dernière leur ont été enlevés par ordre de ce damné chef de bandits Leclerc, que nous verrons bientôt danser à la corde d'une potence.

— Ce qui nous a été dit dans notre couvent est donc vrai, répondit le moine, une croisade a été prêchée contre les Brabançons?

— Oui, oui, la croisade a été prêchée le saint dimanche des Rameaux, par le courageux abbé de Saint-Martial de Limoges! s'écria

Saut-du-Saumon, parce qu'autrefois il s'y pêchait beaucoup de saumons; des barrages établis récemment sur cette rivière, près de son embouchure dans la Dordogne, ont de beaucoup diminué la pêcherie du *Saut-du-Saumon*.

Pierre en s'animant par degrés; j'ai entendu hier, de mes deux oreilles, le noble chevalier de Lasteyrie [1] rapporter à mon maître le sermon qu'a prononcé ce vénérable abbé; il arrachait des larmes à tous ceux qui y étaient présents. Il a dit comment depuis le mariage de madame Aliénor, depuis que nos provinces sont devenues la proie de l'Angleterre, elles n'ont jamais connu ni paix, ni trève; il a dit les guerres impies du père et des fils et le pauvre pays supportant toutes les calamités de ces guerres ; nos églises dépouillées et profanées; les monastères envahis; les habitants des campagnes égorgés; les femmes déshonorées; les récoltes brûlées ainsi que les arbres des vergers. Enfin il a demandé si le règne de l'Ante-Christ était arrivé pour nous, qui étions

[1] Très-ancienne famille du Limousin qui ajouta, vers le milieu du xive siècle, le nom de du Saillant à son premier nom, en acquérant la terre du Saillant. La branche aînée de cette famille, connue sous le nom de du Saillant, occupa jusqu'à la révolution les premiers emplois de la province ; les marquis du Saillant étaient, depuis Louis XIV, héréditairement grands sénéchaux du haut et bas Limousin.

plus malheureux que les Égyptiens accablés par les sept plaies envoyées par saint Moïse.

— Et les seigneurs et les manants se sont émus à ce sermon, dit le moine.

— S'ils se sont émus! je le crois bien, ajouta Pierre. Le chevalier de Lasteyrie ajoutait qu'il n'avait jamais vu des hommes transportés d'une pareille ardeur; tous demandaient des armes; tous voulaient courir sus aux Brabançons et sortir à l'instant hors des murailles.

— Que ne l'ont-ils fait? murmura le moine.

— Ils seraient bien sortis, répondit Pierre, sans le vicomte Adémar[1] et le chevalier Eschivat de Chabanais, qui, à force de représentations et avec l'aide de l'abbé Isambert, est parvenu à leur faire comprendre qu'ils n'étaient point assez forts pour aller déloger, à eux seuls, les vingt compagnies de Brabançons qui campent à Issandon[2] et au château de Malemort.

[1] Adémar V, dixième vicomte de Limoges. Eschivat de Chabanais, de la très-ancienne famille de Chabanais.

[2] Issandon. Ancien *castrum* romain, sur les fondations

—Ainsi, c'est partie remise, reprit encore le moine.

— Non; à l'heure où je vous parle, mon père, les bonnes gens de Limoges sortent de leurs murailles; demain ils seront rejoints par les archers de Saint-Germain-les-Belles, puis par ceux de Tulle et de Brive, que conduiront leurs consuls.

— Mais quels chevaliers marcheront avec cette armée? demanda le moine; quelles bonnes lances viendront jouter contre les bonnes lances des Brabançons? car j'ai entendu dire qu'il se trouve parmi ces brigands de hardis cavaliers, des lances redoutables.

— Les Brabançons peuvent avoir de bonnes lances, de hardis hommes d'armes, mais, croyez-moi, mon père, ils ne sauraient trouver parmi eux de plus intrépides et de plus ha-

---

duquel s'éleva peu à peu un château-fort très-important. Le *castrum* d'Issandon commandait une partie du territoire des *Petrocorii*, sous la domination romaine. Les ruines de cet ancien château-fort sont encore très-importantes, et se voient de très-loin.

biles guerriers que le vicomte de Limoges, le vicomte de Comborn, Olivier de Lastours [1] et Eschivat de Chabanais.

— En effet, reprit le moine, ce sont quatre bonnes lances, mais il est temps de nous remettre en route, la fureur du vent s'est un peu apaisée, et la nuit me semble moins noire.

Pierre marcha devant son compagnon. Le silence régna de nouveau entre eux, et autour d'eux il n'était interrompu que par le cri de quelque oiseau de nuit, ou le bruissement des eaux de la Vezère, dont la voix triste et monotone montait du fond de l'abîme que côtoyaient les deux voyageurs.

[1] Olivier de Lastours, de la famille de l'illustre Gouffier de Lastours, un des héros les plus célèbres de la première croisade.

CHAPITRE III.

ARCHAMBAUD DE COMBORN [1].

Le vicomte de Comborn, Archambaud V, était un des plus puissants et des plus remuants seigneurs du bas Limousin. Maître, par la position de son château, des défilés des montagnes, il tenait encore sous sa dépendance une

---

[1] Charlemagne distribua dans toute l'Aquitaine non-seu-
« lement des comtes chargés de l'administration, mais un
« grand nombre d'hommes de guerre, appelés *vassi*, parmi
« lesquels nous pouvons trouver les origines si incertaines
« des premiers grands vassaux que nous rencontrerons dans

partie de la plaine jusqu'à Brive, car ses possessions touchaient aux portes de cette ville. Les villes de Voutezac et d'Allassac, le bourg d'Objat, reconnaissaient sa suzeraineté, et lorsqu'il levait sa bannière de guerre, non-seulement on voyait accourir sous son commandement une foule de paysans des hautes et des basses terres, mais encore plusieurs chevaliers qui lui devaient le service militaire, comme lui ayant juré foi et hommage pour des terres qu'eux ou leurs ancêtres tenaient de lui ou de sa famille.

Le vicomte Archambaud se faisait remarquer parmi les plus puissants soutiens du parti anti-anglais, que le célèbre Bertrand de Born reconstituait toujours sans jamais se décourager contre les oppresseurs de son pays, les trop célèbres Henri II, roi d'Angleterre, et

« le bas Limousin, tels que les Descals, les Lastours, les
« Comborn, les Turenne et les vicomtes d'Aubusson. »

(*Histoire politique, civile*, etc., *du bas Limousin*, par F. Marvand.)

Archambaud V était fils d'Adémard IV, tige d'une des dynasties des vicomtes de Limoges.

son fils Richard, le prince au cœur de lion ; le premier, prétendant par Aliénor d'Aquitaine, sa femme, l'autre comme fils de cette princesse et comme appelé par son père à gouverner l'Aquitaine, à la possession du Limousin. Henri II avait donné le duché d'Aquitaine à Richard, mais Richard devait en faire hommage à Henri le Jeune, son frère aîné. Cette condition fut la source des guerres qui ravagèrent si longtemps cette malheureuse province. Ces divisions inspirèrent à Bertrand de Born l'idée de reconquérir l'indépendance de sa patrie en fomentant des guerres entre les princes anglais, en excitant leur orgueil et en entraînant tous les seigneurs du pays dans le parti de celui dont la bannière s'insurgeait contre la bannière aux trois léopards.

La fierté de Richard s'était indignée à la pensée de rendre hommage à son frère aîné pour le duché d'Aquitaine, et de l'indignation à la révolte, l'espace n'avait pas été long à franchir. Les armées du père et du fils s'étaient trouvées en présence l'une de l'autre ; elles s'étaient battues; puis, après avoir détruit quelques forteresses appartenant à son fils, après l'avoir poursuivi vainement, Henri était retourné en Angleterre.

Cependant le parti de l'indépendance, car les seigneurs du Limousin, après avoir marché avec Richard contre Henri II, s'étaient joints au parti de Henri le Jeune contre le sien, se grossissait de plus en plus. Henri le Jeune représentait la nationalité des Aquitains en s'opposant à l'autorité anglaise, en refusant de reconnaître le droit d'investiture que s'arrogeait son père. Henri le Jeune était pour les seigneurs du Limousin, par cela seul qu'il combattait les Anglais, un prince aquitain, un homme de la race de leurs anciens souverains, et puis, il ressemblait à sa mère Aliénor : il avait, comme elle, l'expression vive et colorée de la beauté méridionale; il n'en fallait pas davantage peut-être pour déterminer en sa faveur les seigneurs limousins, qui portaient une haine profonde aux princes et aux races du nord.

Bertrand de Born, lorsque Richard avait fait la paix avec son père, était sorti de son château d'Hautefort, et bientôt il avait rallié au parti de Henri le Jeune, le vicomte de Turenne, les seigneurs de Lastours et les vicomtes de Comborn et de Ventadour [1]; enfin il était parvenu à reconstituer une grande ligue contre l'Angleterre, et chaque fois qu'un échec grave ou la faiblesse de Henri le Jeune venaient ruiner son ouvrage, il se remettait à l'œuvre avec un courage nouveau, gourmandant par sa poésie satirique ceux que ses raisons politiques n'arrivaient pas toujours à décider pour le parti national. Le peuple savait par cœur les sirventes de Bertrand de Born, et lorsque les bandes anglaises ou les Brabançons, leurs alliés, pillaient, brûlaient et massacraient sans miséricorde dans les seigneuries du Limousin, sans que les barons et les seigneurs osassent le

---

[1] Les vicomtes de Turenne, de Comborn, de Ventadour et les seigneurs de Lastours étaient non-seulement les plus grands seigneurs du Limousin, mais ils étaient pour ainsi dire souverains indépendants.

plus souvent se mettre en campagne pour s'opposer à tant de ruines, on entendait quelquefois le soir, sous les murs des châteaux, une voix inconnue chanter sur un ton de reproche les sirventes de Bertrand de Born, celui surtout dans lequel il invoque la malédiction de Dieu sur les mauvais barons, sur ces lâches qu'il ne peut exciter, pas même avec l'éperon, et dont il jure de ne plus parler [1].

Au milieu de ces grandes discussions, de ces querelles, compliquées par des querelles de seigneur à seigneur, Archambaud de Comborn était parvenu à une sorte d'indépendance. Retranché dans son nid de vautour, perché au sommet d'un roc de granit, il siégeait pour ainsi dire en roi dans une contrée que les grandes armées n'avaient pas abordée. C'était un homme dur et cruel, abandonné à toutes ses passions, ne connaissant d'autres lois que celles qu'elles lui imposaient, du reste hardi et courageux à la guerre, rusé dans toutes ses affaires, aimant la bonne chère et les femmes,

---

[1] Raynouard, *Collection des troubadours.*

en un mot un seigneur plus sauvage que civilisé, comme l'étaient au XIIe siècle la plupart des seigneurs vivant sur leurs terres, et jouissant d'un pouvoir presque absolu. La France alors était dans un état très-voisin de la barbarie. Quelques grandes villes du midi faisaient seules, pour ainsi dire, exception à la règle commune, et le Limousin se faisait remarquer, dans ses cantons boisés et montueux, au nombre des provinces les plus arriérées en civilisation. La fusion entre les races du midi et les races du nord ne s'y était point opérée. Quelques seigneurs, appartenant par leur naissance aux Franks des temps carlovingiens, y étaient devenus sous Charlemagne et sous ses successeurs immédiats possesseurs de fiefs; mais peu à peu leur nationalité s'était effacée; ceux que la victoire avait établis en maîtres dans des fiefs gallo-romains s'étaient laissé entraîner aux coutumes, aux usages, aux mœurs des vaincus; ils avaient seulement conservé de leur origine primitive la rudesse du caractère, la brutalité des passions et cette hardiesse sauvage de l'homme de guerre d'outre-Rhin ; mais leur esprit de nationalité primitive était si profondément éteint, ils se croyaient si parfaitement hommes du midi, qu'ils se trouvaient toujours prêts à s'armer contre toute invasion ou contre toute suprématie des hommes du nord.

Archambaud de Comborn appartenait à cette classe de seigneurs ; il supportait mal la puissance des hommes du nord. Le mariage même d'Aliénor, duchesse d'Aquitaine, avec Henri II, roi d'Angleterre, n'avait pu lui faire considérer les enfants issus de ce mariage comme des princes aquitains ; la portion de sang méridional qu'ils devaient à leur mère était abâtardie, pour lui, par le sang saxon qu'ils tenaient de leur père ; aussi ne les nommait-il jamais que *ces chiens de Saxons*. Il avait fallu toute l'adresse de Bertrand de Born pour l'engager à soutenir Richard et Henri le Jeune dans leur révolte contre leur père, et il ne s'était rendu aux considérations politiques du courageux poète d'Hautefort, que lorsque celui-ci eut dit : « Marchons avec les fils contre le père, pour marcher un jour sous nos propres bannières contre les fils. Forçons les loups à se déchirer entre eux, mon brave ami, plus tard nous ferons bonne chasse des survivants. »

La guerre, il faut le dire, lui apparaissait non-seulement comme une bonne occasion d'employer sa force et son courage, le vautour de Comborn aimait les champs de bataille, mais il aimait aussi la curée qui suit les combats ; le sac et le pillage des châteaux et des bourgs lui rapportait toujours quelque bonne aubaine, dont il remplissait ses coffres et les magasins de son redoutable manoir.

En l'année 1177, Archambaud avait déjà dépassé le milieu de son existence ; ses cheveux commençaient à grisonner sur ses tempes ; ses épais sourcils retombaient sur ses paupières, et de nombreuses rides, causées par des fatigues de toute sorte et par l'intempérance, sillonnaient son front et les coins de ses yeux. C'était, d'ailleurs, un homme grand et vigoureusement taillé, aux formes athlétiques ; son regard était dur, et le sourire qui errait parfois sur ses lèvres avait quelque chose de cruel et d'ironique. A sa table, le vicomte de Comborn parlait peu, du haut du siége sur lequel il était assis, n'ayant sur un rang égal au sien que le siége de sa femme, Jourdaine, fille de Bozon III, comte de Périgord; quelquefois il jetait un coup d'œil d'orgueilleuse satisfaction sur la longue table où ses fils, ses filles[1] et ses nombreux serviteurs occupaient des places marquées, suivant leur âge et leur rang; mais à un degré plus bas que celui sur lequel il trônait dans toute sa fierté.

Le soir du 15 avril, le souper s'était prolongé plus tard qu'à l'ordinaire; l'heure de se retirer était depuis longtemps passée, et ce-

---

[1] Archambaud V eut beaucoup d'enfants : Élie, vicomte de Comborn; Archambaud VI; Pierre et Raymond de Comborn qui se firent moines; Assalit de Comborn, seigneur de Blanchefort, qui prit le nom de son apanage; Assalie de Comborn, mariée à Gui Ier, vicomte d'Aubusson; Claire de Comborn, à Pierre-Bernard de la Porcherie, Dauphine de Comborn, à Raoul de Scoraille; Garcille, à Bertrand de Malemort, et Péronelle, à Gaubert de Malemort.

pendant Archambaud, enseveli dans de sombres pensées, la tête appuyée sur ses mains, oubliait de donner le signal par lequel il congédiait habituellement ses convives. Personne ne mangeait plus, nul ne soulevait la grande corne qui lui servait de verre pour boire un dernier coup. Le silence morne et pensif du seigneur inquiétait et pétrifiait de crainte sa femme, ses enfants et ses serviteurs. Ce n'était pas ainsi que le vicomte de Comborn avait coutume de terminer ses repas. Les liqueurs fermentées, dont il usait sans mesure, le rendaient ordinairement presque riant et jovial vers la fin de son souper, et alors, seulement alors, il racontait, d'un ton de sarcasme, les bons tours qu'il avait joués dans le cours de sa vie à quelques-uns de ses voisins. Il aimait surtout à rappeler le souvenir du jour où, tenant assiégé Geraut de Malemort[1], celui-ci s'était vu dans la nécessité, ne pouvant plus défendre

---

[1] Geraut de Malemort, ne pouvant plus résister aux attaques d'Archambaud V, rendit sa forteresse de Malemort (1175), et vint se présenter à son vainqueur, selon la cou-

son château, de venir se rendre à sa merci, portant, selon la coutume du temps et comme marque de soumission, une selle sur son cou.

Les grandes torches qui éclairaient la salle du souper jetaient une lumière incertaine, qui allait se perdre dans les profondeurs des voûtes du plafond; des trophées de chasse et de guerre, suspendus aux murailles, se détachaient à peine des boiseries noircies par le temps, auxquelles elles servaient d'ornement, et les domestiques, immobiles au-dessous de ces trophées, paraissaient comme autant de statues destinées à la décoration de cette salle. Nul n'osait troubler la méditation d'Archambaud. Chacun semblait cloué à sa place; la respiration s'arrêtait aux lèvres, tant la crainte d'éveiller le rude vicomte était grande parmi ses enfants et ses serviteurs.

Enfin il sortit tout à coup de son immobilité, et d'une voix forte, où l'impatience le disputait à la colère :

tume de l'époque, une selle à son cou « pour que celui-ci le chevauchât si cela lui plaisait. »

(*Chronique de Normandie.*)

— Élie, demanda-t-il à l'aîné de ses fils, Jehan, notre écuyer, n'est-il donc pas encore rentré?

— Non, mon père, répondit Élie, que cette brusque question avait surpris; j'ai envoyé quelques hommes à sa rencontre dans la forêt; mais ils ne sont pas de retour.

— Il tarde bien, reprit Archambaud. Puis, après un moment de réflexion, il ajouta : Vous pouvez tous vous retirer; je l'attendrai seul au coin du feu dans la salle du donjon. Assalit, dit-il en s'adressant à un autre de ses fils, vous vous rendrez au poste de la poterne jusqu'à ce qu'il soit revenu, et vous m'enverrez prévenir de son arrivée; quant à vous, Archambaud, vous inspecterez, avec votre frère Élie, les corps de garde et les sentinelles placés sur les tours et sur les murailles, et vous exercerez une active surveillance sur les rochers qui descendent jusqu'à la Vezère; il ne faut rien négliger; les Brabançons sont nombreux et hardis, et il ne serait pas étonnant qu'ils voulussent prévenir notre attaque en cherchant à surprendre un des chefs de leurs ennemis.

Après ce peu de paroles, prononcées d'une voix rude, le vicomte de Comborn reprit son attitude méditative, tandis que ses enfants et ses serviteurs, jusque-là immobiles à leur place, se levaient pour se rendre chacun où son devoir l'appelait. La vicomtesse de Comborn, suivie de ses filles vint, avant de se retirer dans ses appartements, souhaiter le repos d'une bonne nuit à son époux; elles inclinèrent leurs fronts jusqu'aux lèvres d'Archambaud, qui les y imprima d'un air distrait, en murmurant tour à tour, en réponse aux vœux de ses filles, pour que Dieu protégeât son sommeil : Merci, ma bonne Assalie..... Bien, ma belle petite Claire... Va, chère Dauphine, et vous Garcille et Péronelle, suivez votre mère, et priez ce soir avec elle d'un cœur fervent.

En prononçant ces derniers mots, la voix du vicomte, ainsi que le remarquèrent ses serviteurs, avait un accent moins sec et moins sauvage; tous les assistants s'arrêtèrent par un mouvement spontané, comme si quelque chose d'extraordinaire allait survenir. Il y avait si longtemps qu'Archambaud n'avait prononcé le nom du seigneur, il y avait tant d'années que l'idée d'une prière n'était venue à sa pensée, que Jourdaine elle-même ne put retenir un geste de surprise. Archambaud ne s'aperçut point de l'impression produite par ses paroles; sa femme et ses filles reprirent lentement leur marche, non sans jeter, avant de franchir le seuil de la salle, un dernier coup d'œil sur leur mari et leur père, et quelques minutes après cet incident, celui-ci se trouvait seul avec un vieux sommeiller, serviteur de confiance, qui était né, avait grandi et vieilli au service des Comborn et dans leur château.

— Geoffroy, dit le vicomte, place une cruche de vieux vin dans la salle du donjon, et vois si le feu a pu réchauffer cette pièce inhabitée; la nuit est froide, et je crois qu'elle l'est plus encore dans Comborn que dans la campagne.

— La nuit sera froide pour tout le monde, répondit Geoffroy; mais certes elle sera plus rude aux malheureux qui campent dans la forêt, qu'au noble seigneur de Comborn. Maudits soient l'Anglais et ses chiens d'alliés les Brabançons, qui forcent les pauvres paysans de ce pays à quitter leurs cabanes.

— Oui, maudit soit l'Anglais, reprit Archambaud, maudit soit-il dans le présent et dans l'avenir; mais rassure-toi, Geoffroy, si l'heure de la vengeance va sonner contre les Brabançons, l'Anglais aura bientôt son tour; Bertrand de Born, veille; déjà il a su armer les fils contre le père. Et ne m'as-tu pas dit, toi qui assistes aux sermons des moines, qu'un de ces prêcheurs de Poitiers avait appelé, du haut de sa chaire, les peuples de l'Aquitaine à secouer le joug des barbares du Nord?

— Oui, monseigneur; oui, je l'ai entendu de mes oreilles : seigneurs, chevaliers, peuple, moines, tout le monde est contre les Anglais; leur insolence a dépassé toute mesure, et l'on s'étonne que le vicomte de Limoges, celui de

Comborn, celui de Ventadour, et tant d'autres nobles seigneurs, ne se soient pas encore levés en armes au cri du seigneur d'Hautefort. « Guerre aux hommes du nord, à nous sans partage la terre qui nous vit naître ! »

— Chaque chose aura son temps, s'écria Archambaud, non sans impatience; le tour de Richard viendra, je te l'ai assuré, et l'Aquitaine reprendra son rang.

— Dieu le veuille, répondit Geoffroy; mais, quand ce jour se lèvera, que seront devenus les châteaux de Comborn, ceux de Ventadour et ceux de Turenne ? où seront leurs nobles vicomtes ?

— Où ils seront ? Geoffroy... Mais où veux-tu qu'ils soient ?

— Richard d'Angleterre a juré, monseigneur, qu'il viendrait raser vos belles tours au niveau du sol, et qu'il vous forcerait, ainsi que vos nobles voisins, à vous présenter devant lui, portant sur vos épaules la selle que vous fîtes porter à Géraut de Malemort.

Le vicomte de Comborn, en entendant ces

paroles, prononça un effroyable jurement, qui retentit sous les voûtes élevées comme le cri d'un tigre blessé; puis il se leva plein de rage, et, saisissant les mains de son serviteur dans ses mains de fer :

— Ah! il a dit cela? Geoffroy..... Il a osé dire cela du vicomte de Comborn? Eh bien! il a menti par la gorge; il a menti; je lui ferai voir si les tours limousines savent résister aux attaques des Saxons. Le chien maudit!.... me voir courbé devant lui sous le poids honteux d'une selle. Non, non, jamais il n'aura ce plaisir tant que je pourrai me tenir sur mon cheval, tant qu'il me restera une épée; je le combattrai, dussé-je être seul; et, si les forces m'abandonnaient, tu me tuerais, toi, mon vieux Geoffroy, plutôt que de me laisser assister au triomphe insolent du fils de Henri II; jure-le-moi, par l'âme de ton père; jure-le; et, le cas échéant, exécute ce que tu as juré, si tu ne veux pas perdre ta part de paradis.

Geoffroy, pour apaiser la colère violente qui s'était emparée de son maître, lui fit la promesse qui lui était demandée, et quand il l'eut accompagnée de tous les serments dont le seigneur de Comborn crut devoir l'entourer pour la rendre plus solennelle :

— Va, maintenant, lui dit-il; va tout inspecter et tout préparer pour ma veillée dans la tour du donjon; tu défendras à qui que ce soit de venir m'y troubler, si ce n'est pour m'annoncer le retour de mon écuyer ou de Pierre le veilleur. Puissent-ils revenir bientôt; car je crains pour eux quelque malheur. Va, mon vieux Geoffroy!... Et le vicomte de Comborn se disposa à quitter la salle du souper pour se rendre au donjon.

CHAPITRE IV.

BERTRAND DE BORN.

Archambaud de Comborn, après le départ de son sommelier demeura pendant quelques minutes en proie à de sombres pensées ; de nombreuses rides s'étaient amoncelées sur son front, et ses épais sourcils, en se rapprochant, imprimaient à sa physionomie une expression de dureté farouche et sauvage, qui ne lui laissait presque plus rien d'humain. Il s'était levé de son siége et se promenait à grands pas dans la salle déserte; son esprit était évidemment troublé par quelque grave inquiétude, plus poignante à son cœur que l'absence prolongée de son écuyer. Enfin il s'empara d'un flambeau de cire, et ouvrant une porte habilement dissimulée dans la boiserie de la salle, il se dirigea à travers les nombreux détours de corridors étroits cachés dans l'épaisseur des murailles, vers une petite chambre, ou plutôt une sorte de cachette connue de lui seul.

Cette chambre servait suivant la nécessité des circonstances, soit de prison, soit de lieu de refuge pour les captifs ou les hôtes dont le vicomte de Comborn voulait dissimuler la présence à sa famille ou à ses gens; elle communiquait au château par deux corridors qui aboutissaient l'un à la salle des repas, l'autre à la chambre d'Archambaud. Un étroit escalier, qui avait son entrée à l'extrémité d'un de ces corridors, permettait de sortir du château en gagnant les vastes souterrains sur lesquels il reposait, et par conséquent de faire évader un hôte, ou de se défaire d'un prisonnier, sans que personne dans le château pût en être informé.

En ce moment un homme encore dans la force de l'âge occupait la chambre secrète du château de Comborn, et était assis près d'une petite table en bois de chêne, sur laquelle une lampe aux clartés incertaines lui permettait à peine d'écrire quelques notes, de consigner sur le parchemin quelques renseignements, dont il ne voulait pas perdre la mémoire. Cet homme avait le front haut et découvert, et sur ses traits brillaient également les indices certains d'une fermeté intrépide et d'un mâle courage. Ses yeux étaient grands et beaux, et leur regard possédait un éclat, une puissance de pénétration, dont il eût été difficile de soutenir la fixité. Un large manteau recouvrait complétement l'hôte du châtelain de Comborn et ne permettait pas de découvrir si celui qui en était revêtu appartenait à la classe des gens de guerre ou à celle des gens d'église. Cependant la sûreté de son coup d'œil et l'audace empreinte dans tous ses traits, indiquaient plutôt en lui un soldat qu'un moine, un homme habitué à la vie rude et périlleuse des combats qu'un solitaire usant sa vie dans la prière et l'abstinence des joies humaines [1].

Lorsque Archambaud pénétra dans la cham-

[1] Alors commença cette guerre impie du fils contre le père, des frères contre les frères, de l'épouse contre l'époux, lutte sanglante qui couvrit de ruines les champs du bas Limousin. A la tête des révoltés se faisait remarquer, moins par sa fortune que par son talent, Bertrand de Born, le seigneur d'Hautefort, le troubadour de la liberté, qui entraîna avec lui les vicomtes de Turenne, ceux de Comborn et de Ventadour, et les seigneurs de Lastours. C'était par ses conseils que Henri le Jeune s'était révolté une première fois contre son père. Lorsque Richard eut fait la paix, Bertrand de Born excita contre lui ses autres frères. Les grands, souvent humiliés par la fierté du Cœur de Lion, suivirent la même impulsion; mais ils avaient des projets bien arrêtés, une politique mieux entendue se faisait jour, pour la première fois, dans les guerres féodales. Il s'agissait pour les seigneurs d'Aquitaine, tous dans le secret de Bertrand de Born, d'affranchir leur pays, d'en faire même, s'il faut en croire le récit obscur des chroniques du temps, un royaume indépendant de ceux d'outre-Loire et d'outre-Manche. (*Hist. du bas Limousin*, par F. Marvand, t. II.

bre où son hôte était occupé à écrire, celui-ci serra ses parchemins couverts de notes dans une poche pratiquée dans l'épaisseur de son manteau, et, se tournant vivement vers le vicomte de Comborn :

— Eh bien, Archambaud, lui dit-il : êtes-vous enfin décidé à entrer dans notre grande ligue contre les princes normands? avez-vous mûrement réfléchi?

— Bertrand!... Bertrand!... ce que vous me proposez est grave et dangereux.

— Et depuis quand le vautour du Limousin a-t-il peur du danger? depuis quand redoute-t-il les champs de bataille et les grands coups d'épée?

Archambaud devint pâle comme la cire du cierge qu'il portait, et frappant la table avec son poing :

— Je n'ai peur de personne, Bertrand, s'écria-t-il, et quand il sera temps de tirer l'épée hors du fourreau on verra qui la portera plus avant dans les rangs ennemis, et qui l'abreuvera de plus de sang.

— Pourquoi donc alors hésitez-vous, mon brave Archambaud; pourquoi délibérer lorsqu'il s'agit du salut de son pays, et de chasser les tyrans de l'Aquitaine; de lever l'étendard de la révolte contre cette maudite race de Normands qui prétend nous traiter en peuple vaincu?

— Pourquoi j'hésite? Bertrand vient me le demander? pourquoi je délibère en moi-même si je viendrai de nouveau placer ma bannière à côté de celle du prince Henri?... Ne nous a-t-il pas déjà lâchement abandonnés une fois aux vengeances de son père et à celles de son frère Richard? avez-vous oublié la dévastation de nos champs, l'incendie des châteaux, le massacre de nos voisins?... Et vous voulez que je tire encore une fois l'épée pour ce prince félon, pour l'enfant d'une race maudite!... Quel bien nous reviendra-t-il de cette seconde ligue?

— Je ne vous demande point de combattre pour Henri *au court mantel*, ni pour aucun prince vivant, ni même pour notre pauvre Aliénor que le roi d'Angleterre retient prisonnière dans son île de brouillards; mais je vous supplie, vicomte de Comborn, de pousser votre cri de guerre pour notre pauvre pays, pour la triste Aquitaine, lasse du joug étranger. Nos oppresseurs se déchirent entre eux; aidons-les à s'entre-égorger; mettons-nous avec le plus faible pour diminuer la puissance du plus fort, et plus tard nous viendrons à bout de celui que nos armes auront fait triompher.

—Oui, je vous comprends, châtelain d'Hautefort, ce sont bien les mêmes paroles que vous me fîtes entendre il y a quatre ans, lorsque nous assistâmes à Limoges au couronnement de Richard, comme duc d'Aquitaine et comte de Poitiers. Alors, comme aujourd'hui, vous nous prêchiez la guerre contre l'Anglais en nous unissant à celui de leurs princes qui lèverait l'étendard de la révolte contre son père. Alors aussi vous excitiez des haines entre le père et les fils, entre la femme et le mari. Nous avons suivi vos conseils, Bertrand; les vicomtes de Turenne et de Ventadour, les barons de Gimel de Canilhac et de

Malemort et tous les autres seigneurs du Limousin et du Périgord vous ont écouté, qu'en est-il advenu?

— La guerre, la guerre à outrance, reprit Bertrand de Born, et avec la guerre l'ébranlement de la puissance des Anglais. Croyez-moi, Archambaud, nous touchons au terme de nos misères : non-seulement aujourd'hui les seigneurs sont disposés à prendre les armes, mais aussi les serfs, les manants des campagnes demandent le combat; l'Anglais est partout en horreur aux populations, car partout il a pillé, il a brûlé, il a violé; car il a marqué son passage par le fer et par le feu.

— Je ne le sais que trop, murmura Archambaud : du haut de mes tours, j'ai vu le feu qui dévorait les plaines, j'ai entendu les cris des populations qui demandaient en vain merci.

— Et vous n'êtes point encore décidé à tirer votre épée?

— Il me répugne, Bertrand, de la tirer pour un Normand.

— Mais ce Normand est fils d'Aliénor, notre duchesse; mais ce Normand a du sang aquitain dans les veines, et ce n'est pas nous qui combattrons pour lui, mon brave ami, c'est lui qui combattra pour nous; avec lui nous frapperons sur les armures anglaises; avec lui nous rougirons nos armes du sang saxon, et le jour où nous triompherons, Henri *au court mantel* ne sera entre nos mains qu'un prince isolé auquel nous imposerons la loi.

— Oui, mais comme son père et comme son frère Richard, il se fera des partisans de tous les bourgeois des villes en augmentant, comme son père et son frère l'ont fait, les priviléges de ces misérables manants.

—Non, non, vicomte de Comborn, le prince Henri aura autour de lui les vicomtes de Turenne, de Ventadour et de Comborn; moi aussi j'y serai, et il n'osera rien entreprendre de semblable. Soyons vainqueurs sous son nom, et l'Aquitaine sera libre, libre de la domination anglaise, comme de la domination française; l'Aquitaine sera un royaume qui ne relèvera de personne, si ce n'est de ses barons qui l'auront fondé.

— C'est une belle espérance que vous nous mettez au cœur, Bertrand; mais pour tenter l'entreprise, il faut la commencer avec la certitude du succès!... tous les seigneurs du Limousin et tous ceux du Périgord sont-ils prêts à monter à cheval, ont-ils remis leurs bannières aux mains de ceux qui doivent les porter au combat?

— Les plus puissants sont avec nous, Archambaud, les plus braves marcheront contre l'Anglais; quelques-uns seulement n'osent encore se prononcer; Richard leur fait peur; ils redoutent de le rencontrer; ils prétendent que nul chevalier ne peut tenir en selle contre lui.

Bertrand de Born, en prononçant ces derniers mots, comptait sur l'amour-propre d'Archambaud de Comborn, et s'attendait à une explosion de colère provoquée par la terreur dont quelques lâches se sentaient saisis au seul nom du prince Richard. Il ne s'était pas trompé, Archambaud devint pourpre de fureur et son indignation déborda comme un torrent grossi par les pluies d'orage.

— Les lâches ! s'écria-t-il... les lâches !... je briserai leurs armes qu'ils sont indignes de porter... Les lâches !... qu'ils viennent se mettre derrière Archambaud de Comborn, et ils verront, s'il a peur du prince normand, s'il redoute la hache normande, la lance normande ou la dague normande... Comment est-il possible qu'il se soit trouvé des chevaliers limousins ou périgourdins capables d'une telle couardise? Et comment vous, Bertrand de Born, vous que je reconnais pour loyal et vaillant entre les plus loyaux et les plus vaillants, ne leur avez-vous pas enfoncé dans la gorge votre dague de merci, en entendant de tels propos ?

— Parce que j'espère encore les faire sortir de leurs châteaux, parce que j'en ai la certitude, la peur de la honte sera plus forte en eux que la peur du prince Richard.

— Et qu'entreprendrez-vous pour les faire

rougir, eux qui n'ont pas craint de rougir devant vous ? »

Bertrand de Born tira de la poche de son manteau un rouleau de parchemin, et le montrant au vicomte de Comborn, il lui dit :

— Je les forcerai à rougir devant tous, mon noble ami, je leur enfoncerai si avant dans les chairs, le fer rouge de la honte, que je réveillerai en eux leur courage endormi, et qu'ils se battront avec nous contre le Saxon, le Normand ou l'Anglais, jusqu'à la dernière goutte de leur sang. Depuis un mois on chante dans toutes les campagnes et sous les fenêtres de tous les châteaux, le nouveau sirvente que j'ai fait contre les mauvais barons; le connaissez-vous, Archambaud ?

— Non, répondit le farouche vicomte de Comborn, encore sous l'impression de sa colère, non; mais si vous les flétrissez, si vous diffamez l'écu de leurs armes, si vous les dégradez de noblesse, vous agissez en loyal chevalier.

Bertrand de Born s'était levé; il avait rejeté

son manteau sur ses épaules, et, dégagé de cette enveloppe grossière, il apparaissait couvert d'une cotte de fines mailles, sous laquelle la juste proportion, l'énergique musculature et l'élégance de ses membres et de sa taille, se dessinaient avec avantage. Une épée courte et large était suspendue à son flanc, et devant lui, accrochée à sa ceinture, pour être plus à la portée de sa main, sa dague de miséricorde se balançait au bout d'une courte chaîne d'or. L'expression de tous les traits du maître d'Hautefort, était devenue plus fière et plus inspirée; le feu semblait sortir de son regard, tandis que le froncement de ses sourcils et le froissement de ses lèvres indiquaient une ironie amère, un dédain profond.

— Écoutez, Archambaud, écoutez le sirvente des mauvais barons. Et Bertrand chanta, sur un air énergique et triste tout à la fois les paroles suivantes :

Un sirvente je fais de ces mauvais barons.
Plus jamais d'eux, jamais ne m'entendrez parler;
Je les excite assez ! avec mille éperons

En puis-je faire un seul ou courir ou trotter?
Ils se laissent ainsi, lâches, déshériter!
Soient-ils maudits de Dieu! Qu'ont-ils donc à songer
Nos barons?

—Oui, qu'ils soient maudits, répéta Archambaud, qu'ils soient maudits ceux qui se cachent derrière les murailles de leurs châteaux et qui tremblent au seul nom du prince Richard. Écoutez-moi, Bertrand, vous pouvez m'inscrire sur votre liste de conjurés, me compter parmi ceux qui ne craindront pas de faire flotter leur bannière au vent, lorsqu'il s'agira d'attaquer l'Anglais; si j'ai hésité un moment, sachez-le bien, châtelain d'Hautefort, c'est que je ne croyais pas encore le pays assez animé contre les tyrans saxons. Mais puisque le feu de la juste révolte est allumé partout, allons, mon fier compagnon, que sa flamme éclate, qu'elle luise sur les montagnes, dans les vallées, dans les gorges profondes, au fond des bois les plus reculés, et le vautour de Comborn ne sera pas le dernier à venir sur les champs de bataille prendre sa part de la curée.

— Bien, Archambaud ! bien, mon vieil ami, je compte sur vous quand l'heure aura sonné. Mais n'allez-vous pas, demain, vous joindre au vicomte de Limoges pour marcher contre les Brabançons de Malemort ?

— Oui, sans doute, répondit Archambaud, toutes les populations se soulèvent pour exterminer ces brigands, et non-seulement Adémar a levé sa bannière; mais encore Olivier de Lastours et Eschivat de Chabannais se sont joints à lui. Ne viendrez-vous point avec nous, Bertrand ?

— Non, mon brave Archambaud, ma présence au milieu de vous éveillerait l'inquiétude des Anglais; ils verraient dans notre entreprise un commencement de révolte contre leur domination, et il faut que Richard soit convaincu que toute cette affaire a été suscitée par les pilleries et les violences que les maudits Brabançons ont fait souffrir au bas Limousin. Ainsi donc, laissez à votre entreprise le caractère d'un soulèvement populaire, auquel la fureur de vos vassaux vous aurait associés. Détruisez jusqu'au dernier des brigands que commande Guillaume Leclerc, puis marchez sur Issandon, leur second repaire; plus vous abattrez de ces détestables bandits, plus vous diminuerez l'armée de Richard.

— Et vous, Bertrand, que ferez-vous pendant les jours que nous allons employer à cette expédition? où porterez-vous vos pas?

— Je continuerai ma mission, Archambaud; j'irai réchauffer le cœur de tous les barons, de tous les chevaliers; j'irai leur prêcher la guerre sainte contre l'oppresseur de notre pays; j'irai réveiller l'homme du midi et verser en son cœur la haine contre l'homme du nord. N'est-il pas temps, Archambaud, n'est-il pas grandement temps que nous échappions enfin au joug de l'étranger, qu'il soit Normand, Saxon ou Anglais, ou qu'il se nomme roi de France par-delà la Loire? Nos pères formaient un état indépendant, pourquoi ne recommencerions-nous pas l'œuvre de nos pères? La Guyenne, le Poitou, l'Aunis, la Saintonge, le Limousin, le Quercy, l'Angoumois et le Périgord, sont d'assez belles provinces pour former un royaume. Les hommes du midi ne le cèdent en vaillance à personne, d'où vient qu'ils sont soumis aux hommes du nord?

Ces discours de Bertrand de Born, l'intrépide défenseur de l'indépendance de l'Aquitaine, qui usa sa vie à susciter des champions à sa patrie, qui, souvent vaincu, mais jamais découragé, recommença vingt fois les trames vingt fois rompues par lesquelles il était parvenu à réunir dans un intérêt commun tous les barons du duché d'Aquitaine, révoltés contre la domination anglaise, enflammaient peu à peu le vicomte de Comborn de l'ardeur des combats. La soif de la révolte contre Henri, le roi d'Angleterre, et contre son fils Richard, le Cœur de Lion, dont l'intrépidité et la réputation de vaillance blessaient depuis longtemps l'amour-propre d'Archambaud, le rendait impatient des combats.

« Vous avez raison, Bertrand, s'écria le vicomte de Comborn en se levant; plus de soumission à l'homme du nord, quel qu'il soit, et lorsque nous prendrons les armes, que notre cri de guerre soit : « Mort aux hommes de la terre du nord! »

Bertrand saisit vivement et en souriant le bras d'Archambaud, puis d'un son de voix bas et confidentiel : « Allons plus doucement, Archambaud, lui dit-il; pour mener nos projets à bonne fin, il faut non-seulement du courage, mais encore de la prudence. N'affichons pas toutes nos prétentions; songeons à notre prince Henri que nous allons d'abord soutenir contre son père et contre son frère. Servons-nous de toutes les armes qui se présentent. Henri au court mantel est une bonne lame contre le roi d'Angleterre et contre Richard, le Cœur de Lion; plus tard, nous raccourcirons tellement le mantel du prince Henri, qu'on le nommera le prince sans mantel. »

Archambaud se prit à rire en écoutant cette plaisanterie. « Oui, Bertrand, nous le renverrons non-seulement sans mantel, mais, s'il plaît à Dieu, il ne regagnera son île d'Angleterre que dépouillé de toutes les richesses volées par lui dans notre pays. La seule chose que je lui permette d'emporter, c'est un bon cercueil de chêne pour tout vêtement, et je couperai de grand cœur les plus beaux arbres de ma forêt de Comborn, pour fournir le bois de sa dernière demeure.

— Chaque chose arrivera à point, Archambaud; Dieu sera avec nous, qui combattrons pour l'indépendance de notre pays; mais nous, mon ami, soyons avec Dieu, cela est important.

— Comment l'entendez-vous? Bertrand.

— Je souhaiterais, mon cher Archambaud, qu'il vous fût possible de vous réconcilier avec tous les moines de votre voisinage.

— Mais je suis au mieux avec eux, seigneur d'Hautefort, et j'attends cette nuit même l'abbé d'Obazine, avec lequel je dois m'entendre touchant certains intérêts.

— Tant mieux! si cela est ainsi, reprit Bertrand de Born, car nous avons besoin de l'aide des gens d'église; eux seuls peuvent précipiter contre les Anglais les masses compactes des manants des villes et des serfs des plaines et des montagnes.

— Vous ne dites que trop vrai, Bertrand, murmura Archambaud; nous avons laissé prendre à ces rustres enfroqués trop de puissance et de liberté, maintenant ils traitent avec nous d'égal à égal; avant peu ils nous mettront le pied sur la gorge.

— Jusqu'à présent, répondit Bertrand de Born, si quelqu'un a eu à se plaindre de sentir le pied de son ennemi sur sa gorge, ce n'est pas vous, mon rude ami, qui pourriez élever des réclamations; la rumeur publique prétend que plusieurs moines sont passés de vie à trépas, qui chanteraient encore dignement *matines*, s'ils n'avaient rencontré Archambaud de Comborn sur leur chemin.

— Les morts sont morts, dit Archambaud d'un ton sérieux, n'en parlons plus; mais soyez assuré que je n'ai point agi sans de justes motifs. Jamais je ne souffrirai qu'un coquin de moine se mêle de mes affaires ou prétende avoir le droit de blâmer publiquement ma conduite. Je ne suis point encore tombé assez bas pour aller réclamer justice contre mes ennemis par-devant les baillis et les sénéchaux que les Anglais prétendent nous imposer. Non, mon ami Bertrand, voilà ma justice que je porte avec moi. » Et Archambaud tira sa dague à moitié hors du fourreau. « D'ailleurs, si j'ai commis quelque faute, ajouta le vicomte de Comborn, j'ai largement expié mes erreurs par mes donations nombreuses aux couvents et aux églises, et pourvu qu'on leur donne des terres ou de l'or, les gens d'église ne sont point avares d'absolutions.

— Dans l'intérêt de notre sainte ligue contre l'Anglais, tâchez, mon cher Archambaud, de n'avoir plus besoin d'absolution d'ici à quelque temps. Soyons tous en paix avec les gens d'église, leur pouvoir et leur influence peuvent seuls contrebalancer le mauvais vouloir des villes que les franchises qu'ils tiennent des Anglais attachent à leur parti.

— Oui, oui, je le sais, les manants des villes

se considèrent comme de hauts et puissants seigneurs, depuis que le roi d'Angleterre [1] leur a concédé le droit de ne fournir de subsides qu'autant qu'ils auront été consentis par leurs assemblées; et ces traîtres se sont faits Anglais. Mais le jour de la vengeance se lèvera aussi bien contre eux que contre leurs protecteurs.

— N'attaquons pas les villes, croyez-moi; respectons les priviléges qu'elles ont acquis; contentons-nous de régner sur les campagnes; soyons les rois des plaines comme des montagnes, notre part sera encore assez belle.

---

[1] Le mariage d'Aliénor avec Henri II avait fait du bas Limousin un fief de l'Angleterre, qui y introduisit, comme dans le reste de ses possessions, sa législation, ses coutumes, ses baillis et ses sénéchaux jugeant en dernier ressort. Sous quelques rapports, le pays gagna à avoir deux suzerains au lieu d'un, car la rivalité des deux rois rendit à quelques villes leurs anciennes franchises, ou fortifia celles que la féodalité n'avait pu abattre. On reconnut aux villes le droit de ne fournir de subsides qu'autant qu'ils auraient été consentis par le peuple.

(*Histoire du bas Limousin*, par F. Marvand, tom. II.)

— Comment, dit Archambaud avec colère, vous voudriez que je laissasse impunément les bourgeois de Brive me disputer mon autorité sur les campagnes qui s'étendent aux portes de cette ville? vous voudriez que mon noble ami, le vicomte de Turenne, qui a droit de suzeraineté sur Brive, y renonçât pour plaire aux manants orgueilleux qui s'y sont entourés de hautes murailles?

— Je ne veux qu'une chose en ce moment, reprit Bertrand de Born, la paix entre tous les Aquitains; remettons nos querelles particulières à un autre temps. J'ai passé bien des jours et bien des nuits à préparer l'alliance de tous nos barons entre eux, à prêcher la concorde entre tous les membres de l'union méridionale. Ne venons pas rompre le faisceau, si laborieusement assemblé, par des prétentions qu'il sera toujours temps de faire valoir. Périgueux, Tulle, Limoges, Brive et Uzerche peuvent nous seconder puissamment; ne les forçons pas, en ce moment, à se déclarer contre nous. Si nous voulions leur reprendre ce que l'Anglais leur a donné, ils tourneraient à l'instant leurs armes contre celles des barons, et, loin de pouvoir nous appuyer sur les villes, elles nous seraient ennemies, elles nous fermeraient leurs portes, et leurs milices marcheraient avec les chevaliers et les archers anglais.

— Ainsi donc, il faudra supporter leurs bannières à côté des nôtres et recevoir leurs consuls dans nos conseils?

— Oui, mon cher Archambaud; car si vous avez les gens de guerre les plus hardis et les plus vaillants avec vous, les villes ont entre leurs mains la puissance de la guerre, le nerf de toute entreprise, c'est-à-dire la richesse, l'argent.

— Et vous croyez, Bertrand, que ces chiens de manants des villes délieront les cordons de leur bourse pour soutenir la guerre contre l'Anglais?

— J'en ai la promesse. Non-seulement ils délieront les cordons de leur bourse, mais encore ils fourniront leur contingent d'archers et d'hommes d'armes, de harnais de guerre, de vêtements pour les soldats et de vivres pour tous ceux qui en manqueront.

— Alors, dit Archambaud, non sans faire un violent effort sur lui-même, différons nos justes réclamations contre les villes, dissimulons nos justes griefs contre leurs empiétements, souffrons un moment leur arrogance; mais une fois l'Anglais renvoyé dans son île maudite, que saint Étienne me soit ennemi si je ne leur fais pas payer cher ma patience forcée.

— Le jour où les Anglais seront totalement expulsés, vous agirez comme bon vous semblera, Archambaud; mais, jusque-là, j'ai votre promesse de vivre en paix avec les villes et avec l'Église.

— Oui, répondit le vicomte de Comborn avec effort; mais tous les barons agiront-ils ainsi?

— J'ai la promesse de beaucoup d'entre eux, et j'espère obtenir celle de tous. J'irai trouver, dans quelques jours, le vicomte de

Turenne, et par lui, qui ne se refusera point à ma juste requête, j'obtiendrai l'assentiment de tous les chefs du pays, qui, en face d'un danger commun, l'ont reconnu comme leur suzerain [1].

— La peur est un terrible conseiller! s'écria Archambaud; qui m'eût jamais persuadé que je verrais un jour Raymond de Gimel venir jurer foi et hommage au vicomte de Turenne, et se dépouiller de son alleu entre ses

---

[1] Cependant les grands vassaux de l'Aquitaine n'avaient pas applaudi au second mariage d'Aliénor; ils n'auraient pas voulu d'un prince étranger pour époux de leur jeune souveraine. S'attendant à être attaqués, ils se hâtèrent de resserrer leur alliance. Ceux qui craignaient de se trouver trop faibles, de ne pouvoir par eux-mêmes défendre leurs priviléges et leur indépendance se rapprochèrent des grands feudataires, de ceux qui semblaient le plus intéressés à la défense du pays. Les possesseurs de plusieurs petits bénéfices se groupèrent principalement autour des vicomtes de Turenne.......

Le vicomte de Gimel se reconnut l'homme lige de Raymond II, vicomte de Turenne.

(*Histoire du bas Limousin*, par F. Marvand, tom. II.)

mains pour en recevoir de nouveau l'investiture du vicomte Raymond de Turenne?

— Non-seulement le seigneur de Gimel, mais tous les nobles de la vicomté, mais tous les plus illustres chevaliers de la province. En face d'un danger commun, il est naturel aux hommes, mon cher Archambaud, de se réunir autour du plus fort et du plus puissant, pour faire cause commune avec lui, et de se joindre à lui, de telle sorte que tous réunis ne forment plus qu'un faisceau.

— Et quels sont les autres chevaliers, les seigneurs qui ont juré foi et hommage au vicomte de Turenne?

— Que vous répondrai-je? reprit Bertrand de Born : c'est d'abord Étienne de Scorailles et Raymond de Cornil, puis encore Élie de Favars, Aimery de Salignac, Olivier et Gui de Curemonte, ponce de Vayrac, Cornelius de Cresse, Hugues de Lespinas, Hugues de Noaillac, Gaubert de Ventadour et Phaidit de Turenne, seigneur d'Aynac.

— Il doit être bien orgueilleux, le vicomte

de Turenne, de la soumission de tant de seigneurs et de chevaliers; cependant le jour des combats venu, nous verrons si Archambaud de Comborn ne se fera pas accompagner par une escorte aussi glorieuse et aussi vaillante que celle qui entourera l'étendard de Turenne.

— Le vicomte de Comborn ne le cède à personne, mon cher Archambaud, en puissance et en magnificence; je le sais, dit Bertrand de Born, d'un ton de conviction flatteuse, qui dut agréablement chatouiller l'amour-propre du vautour des montagnes; puis il ajouta plus bas et après quelque hésitation : mais cette puissance et cette magnificence peuvent encore s'accroître : les dépouilles des Anglais !...

— Que voulez-vous dire? Bertrand; parlez, mon ami, quelles sont ces riches dépouilles qui, en augmentant mon héritage, pourraient accroître ma puissance?

— Il m'est encore interdit de vous rien révéler, Archambaud; soyez seulement assuré que si nous triomphons de nos ennemis....

— Nous triompherons, Bertrand.

— Et bien ! si nous triomphons de nos ennemis, nul n'égalera en puissance le vaillant vicomte de Comborn. Mais la soirée s'avance, il faut que je vous quitte et que je me remette en route, le baron de Canilhac m'attend pour me remettre une lettre du comte de Toulouse, et je dois rejoindre, sous peu de jours, le prince Henri qu'il ne faut point abandonner à ses incertitudes. Allez, mon brave Archambaud, gardez pour vous seul la conversation que nous avons eue ce soir; ne dites à personne que vous m'avez vu; travaillez de votre côté, je vais travailler du mien. Taillez en pièces, exterminez jusqu'au dernier les Brabançons de Malemort et ceux d'Issandon, les manants des villes et des campagnes vous béniront comme leur libérateur. En détruisant ces deux repaires de bandits, vous commencez les hostilités contre le roi Henri et contre Richard Cœur de Lion, qui s'était promis de venir raser notre château au niveau du sol...

— Qu'il y vienne!... s'écria fièrement Archambaud.

— Vous lui jetez hardiment un défi qui rendra le courage aux plus timides; allez donc; moi, de mon côté, je vais entretenir le feu de la révolte dans le cœur du prince Henri; je vais de plus en plus l'aigrir contre son père et contre son frère, et, Dieu aidant, la liberté de l'Aquitaine sortira de mon entreprise.

Archambaud était devenu rêveur; les espérances que Bertrand de Born avait fait luire devant lui l'agitaient profondément.

— Qui gouvernera l'Aquitaine devenue libre? demanda-t-il.

Bertrand de Born se rapprocha d'Archambaud, serra fortement sa main entre les siennes, et se penchant vers son oreille :

—Archambaud!... Archambaud!... lui dit-il en accentuant lentement chacune de ces paroles, celui qui aura le plus fait pour l'affranchissement de son pays, celui-là seul pourra dignement gouverner l'Aquitaine.

— Encore un mot, Bertrand....

— Plus un seul, Archambaud; l'heure me presse; souvenez-vous seulement qu'une couronne royale est plus belle et plus noble à porter qu'une couronne de vicomte!... Maintenant, séparons-nous; vous me reverrez avant que peu de temps se soit écoulé.

Archambaud conduisit Bertrand de Born à travers les mille détours de ses vastes souterrains, jusqu'à une poterne qui s'ouvrait parmi les rochers, sur le bord de la Vezère. « Adieu, lui dit-il avec l'expression d'une ardeur triomphante, adieu, Bertrand, vous entendrez parler du vautour de Comborn.

— Adieu, murmura Bertrand de Born en s'éloignant à grands pas, adieu, vautour affamé de carnage, engraissé de sang et de rapines; va combattre les Brabançons qui ne sont pas plus sauvages que toi; tu serviras d'instrument à la délivrance de ma patrie, tu seras l'épée qui frappe, l'instrument aveugle de notre affranchissement; mais que monseigneur Dieu et ses saints se détournent de moi, ainsi que la benoite vierge Marie, si j'ai jamais eu l'intention de remettre les destinées de mon pays entre les mains du vicomte de Comborn. O doux pays d'Aquitaine, terre de science et de gentil langage, que dirais-tu d'un tel maître? Non!... non..... le trône aquitanique ne saurait échoir aux grossiers et rudes chefs de nos âpres montagnes.

Quelques instants après, Bertrand de Born retrouvait son cheval attaché au tronc d'un chêne brisé par la tempête, et s'enfonçait dans les sentiers étroits des montagnes, en chantant à demi-voix :

> Il faut qu'amour ait ma vie,
> Car de ma divine amie
>   N'ai pardon.
> Quand vois sa gente façon
> Je comprends qu'en vain je prie;
> Qu'elle peut à mon envie
>   Choisir bon
> Chevalier ou preux baron [1].

---

[1] Vers faits par Bertrand de Born pour Mathilde, fille de Raymond II, vicomte de Turenne, épouse de Talleyrand, seigneur de Montignac. Cette châtelaine, remarquable par sa beauté, s'était brouillée, par jalousie, avec Ber-

trand de Born ; mais comme elle l'aimait tendrement, elle ne fut pas longtemps à se prêter à un raccommodement que la femme du seigneur de Barbezieux ménagea entre elle et son amant.

Ces vers sont une traduction libre de M. Mary Lafond.

CHAPITRE V.

LE CHATEAU DE COMBORN [1].

Les hommes d'armes envoyés par Élie de Comborn à la rencontre de Jehan l'écuyer rencontrèrent le moine et son guide au moment

---

[1] Le château de Comborn est caché au milieu des forêts qui bordent la Vezère, dans la commune d'Orgnac. Le rocher sur lequel il est bâti est presque complétement entouré par les eaux de cette rivière; on ne peut approcher de cette ancienne forteresse que par une langue de terre,

où ils venaient d'entrer dans les bois qui entourent le château de Comborn. Cette forêt était alors peuplée de tous les paysans des plaines environnantes, qui étaient venus s'y mettre à l'abri des fureurs des Brabançons. Ce soir-là une activité inaccoutumée s'y faisait remarquer. La physionomie sombre et désolée que présentait ordinairement cette population de réfugiés, s'était changée en une expression de contentement et d'espérance ; mille feux étincelaient dans l'ombre ; et, à la lueur rougeâtre qu'ils projetaient autour d'eux, l'œil pouvait apercevoir des hommes, des femmes et jusqu'à des enfants occupés à préparer toutes sortes d'armes. Ici, sur une en-

---

défendue jadis par une haute tour avec sa herse pesante, ses créneaux et ses meurtrières. Aujourd'hui, tout est ruiné à Comborn ; un moderne démolisseur a détruit ce château historique. Les vastes souterrains sur lesquels il était bâti subsistent encore, mais ils sont impraticables. Les gens du pays montrent l'ouverture d'un puits où, suivant la tradition, les vicomtes de Comborn précipitaient les prêtres contre lesquels ils avaient quelque sujet de haine.

clume improvisée, un groupe d'ouvriers, noircis par la fumée, forgeaient des fers de piques, des carreaux pour les arbalètes et des fers de faux, destinés à couper les jarrets des chevaux; plus loin un autre groupe taillait des bois de lances et de piques, des manches pour les faux, tandis que les femmes et même les enfants redressaient au feu les bois plus minces et moins longs, qui devaient servir de traits aux arbalétriers. Quelques ouvriers plus habiles façonnaient de grands boucliers, au moyen de peaux de bœufs tendues sur des cercles de bois. Tous ces hommes, tous ces enfants et la plupart des femmes, paraissaient souffrir d'une horrible misère; la faim avait creusé leurs joues, amaigri leurs membres, et les misérables vêtements de peaux de loups et de peaux de chiens qui les couvraient imparfaitement, ajoutaient à leur expression sauvage quelque chose de plus sauvage encore.

Le moine examinait silencieusement la scène de désolation qu'il avait sous les yeux, ce camp d'hommes au désespoir, poussés par l'intérêt de leur conservation et par la nécessité de protéger leurs familles, à se forger des armes pour aller s'exposer à la mort des batailles. Mais ce spectacle disparut bientôt à ses yeux, le bruit des marteaux et les cris des gens qui s'appelaient retentissaient de moment en moment plus faiblement; les voyageurs et leur escorte s'approchaient de la langue de terre qui rattache la presqu'île sur laquelle est bâti le château de Comborn, à la terre de la forêt, aux rochers qui pointent à travers les grandes herbes sur cette rive de la Vezère. Une forte poterne, flanquée de deux tours massives et précédées de quelques ouvrages avancés, construits avec des troncs d'arbres reliés ensemble par un mortier composé de terre et de cailloux, s'offrit à leur vue. Cette poterne et les deux tours dont elle était accompagnée, devaient présenter un grave obstacle à un corps d'assaillants, car les tours, les donjons, enfin toute la grande bastille du corps principal du château de Comborn, dominaient ces premiers travaux de défense ; les archers de la place pouvaient facilement lancer, de leur position élevée, une grêle de traits d'arbalètes et de flèches sur les assaillants de la poterne, sans que ceux-ci pussent leur riposter. Le château, la citadelle d'Archambaud était, au douzième siècle, un fort très-difficile à réduire ; il s'élevait majestueusement, comme le roi de la contrée, sur une pointe de rocher qui dominait toutes les terres environnantes, et ceux qui le nommaient un nid de vautours, décrivaient en peu de mots sa position escarpée et la triste âpreté de son aspect.

Élie de Comborn reçut le moine à l'entrée du pont-levis de la poterne ; sa surprise fut grande à l'apparition de la robe de ce religieux, car on voyait rarement des moines s'aventurer sur les terres d'Archambaud. Ce seigneur était connu pour le mauvais accueil qu'il leur faisait ; il circulait d'étranges histoires sur un moine qui n'avait plus reparu après être entré dans le château de Comborn ; mais ces rumeurs avaient peu de retentissement, elles s'étaient même apaisées, soit par la crainte qu'elles parvinssent aux oreilles d'Archambaud, soit que les événements malheureux qui s'étaient succédé depuis quelques années eussent fini par éteindre le souvenir d'une affaire qui, d'abord, avait fortement excité la curiosité des voisins du vicomte.

— Jehan, est-ce vous ? demanda Élie de Comborn, aussitôt qu'il aperçut le groupe d'hommes d'armes au milieu duquel s'avançaient Pierre le veilleur et le moine d'Obazine.

— Non, monseigneur, répondit Pierre d'une voix forte ; Jehan est resté à Brive pour terminer quelques affaires avec les consuls de cette ville, mais je ramène le moine que monseigneur Archambaud, votre père, avait envoyé chercher à Obazine, et que j'ai trouvé cheminant vers ce château à l'entrée des gorges du Vaysse.

— Un moine !.. reprit Élie avec surprise ; mon père avoir envoyé chercher un moine !..

— Oui, Élie de Comborn, un moine, dit d'une voix grave et profonde le compagnon de route de Pierre le veilleur. Je sais que vous n'êtes point habitués à voir vos murailles visitées par les saints ministres des autels; moi-même je n'ai pu, sans hésitation, me décider à entreprendre ce voyage, mais notre vénérable abbé m'en a donné l'ordre, et j'ai dû obéir.

— Avez-vous une lettre de l'abbé d'Obazine, demanda Élie, et savez-vous quelle affaire si importante a retenu Jehan, l'écuyer de mon père, auprès des consuls de Brive, quand il ne peut ignorer que sa présence est nécessaire ici demain matin?

— Jehan ne m'a point expliqué les raisons qui l'ont contraint à me laisser venir seul à Comborn; il m'a seulement fait escorter jusque au delà des avant-postes des Brabançons, par des hommes sûrs, par des guides fidèles qui connaissaient bien les chemins détournés; puis j'ai rencontré Pierre le veilleur, et je suis enfin arrivé au but de ma course. Quant à la lettre de notre saint abbé, la voici, ajouta le moine en la tirant d'une vaste poche pratiquée dans l'intérieur de ses vêtements, et il la tendit à Élie.

— Donnez, moine, murmura celui-ci en la prenant; donnez, je vais la faire parvenir à mon père; en attendant ses ordres, vous aurez la bonté de vous chauffer au feu que les gardiens de cette poterne ont allumé dans leur corps de garde ; Pierre vous tiendra compagnie.

Alors les nouveaux arrivants, après avoir traversé le pont-levis qui avait été abaissé pour laisser sortir Élie de Comborn, furent introduits dans le rez-de-chaussée de l'une des grandes tours qui défendait la poterne. Ce rez-de-chaussée ne contenait qu'une vaste pièce, voûtée à plein cintre et soutenue par de gros piliers, aux chapitaux décorés de figures fantastiques, entrelacées de feuillages et de rinceaux plus bizarres et plus fantastiques encore dans leurs spirales ou dans leurs enroulements, caprices d'une imagination barbare.

On y voyait pour tout meuble des bancs d'un bois grossièrement taillé, et le long de ses murs, une douzaine de piques ou de hallebardes et quelques haches de guerre étaient rangées sur un ratelier d'armes. Une immense cheminée, dans laquelle brûlait un arbre non dépouillé de ses branches, servait également à chauffer et à éclairer les hommes d'armes qui occupaient le corps de garde. Tous ces hommes, occupés à boire et à chanter, se turent à l'aspect d'Élie, et quand ce jeune homme les eut quittés, ils ne reprirent pas leurs chants, ils ne songèrent plus à la cruche de vin qu'ils avaient abandonnée avec regret, car eux aussi paraissaient saisis d'étonnement en voyant un moine dans l'enceinte du château de Comborn.

— Pierre, demandèrent-ils à voix basse au veilleur, par saint Robert et saint Front de Périgueux, où as-tu rencontré ce moine, et pourquoi l'amènes-tu au château? sais-tu que la vue d'un moine est un mauvais présage à la veille d'une expédition ?

— Je le sais comme vous, mes maîtres, répondit Pierre ; mais si j'ai amené ce moine, je n'ai fait qu'obéir aux ordres de notre vicomte, qui l'a envoyé chercher par Jehan, son écuyer. »

Les soldats se mirent à rire... — Pierre, s'écrièrent-ils dans leur accès de gaieté, monseigneur Archambaud envoyer chercher un moine!... vous vous gaussez de nous : il aurait plutôt envoyé chercher le diable !...

— Je ne vous dis que la vérité, reprit Pierre; ce moine est ici parce que monseigneur Archambaud l'a envoyé chercher à Obazine.

Un des hommes d'armes demanda si le vicomte était devenu subitement malade... s'il songeait à se convertir et s'il allait procéder à une confession générale ?

« Une confession générale ! » hurla le corps de garde tout entier. Et les échos des voûtes répétèrent cette exclamation, qui produisit un sourd grondement.

« Nous ne partirions pas demain pour rejoindre les troupes du vicomte de Limoges !... Une confession générale ! Mais quelle oreille

humaine pourrait l'entendre sans trembler!...
Dira-t-il le nombre de femmes et de filles
forcées, de bourgs réduits en cendres, d'hommes pourfendus par son épée ou suspendus
aux branches des chênes, comme des glaçons par une froide matinée d'hiver?... Oh !
c'est un rude guerrier, que monseigneur Archambaud... Parlera-t-il aussi du moine qui
disparut il y a...

— Silence, dit Pierre, le moine d'Obazine
nous entend, et puis il n'est pas bon de s'entretenir du moine disparu; car on prétend
qu'il revient quelquefois se plaindre, en se
promenant sur la plate-forme de la grande
tour.

Tous les hommes d'armes se rapprochèrent
de Pierre, près de l'âtre de la grande cheminée; ils jetèrent autour d'eux un regard de
crainte, et il y eut un moment de silence, que
troubla seulement le craquement du bois sous
les efforts de la flamme. Ce groupe projetait
les grandes ombres de ses figures sur la muraille mal crépie, où elles arrivaient incer-

taines et vacillantes. Tous ces hommes grossiers et accoutumés aux orgies et aux violences, tremblaient à la seule idée d'une apparition. Le moine d'Obazine, assis sur l'extrémité d'un escabeau, dans l'enfoncement d'une vieille fenêtre, leur apparut un moment comme le spectre qu'ils redoutaient; le capuchon du moine avait glissé sur son front, et il leur sembla que les yeux de ce religieux lançaient des flammes.

Cet instant de terreur fut court; mais il produisit sur les hommes d'armes une profonde impression. Quand ils reprirent la parole, ce fut à voix basse qu'ils continuèrent leur entretien, et de temps en temps ils s'arrêtaient pour écouter les moindres bruits.

Enfin, après une demi-heure d'absence, Élie de Comborn reparut. Il était seul, et portait une lanterne sourde qui servait aux rondes de nuit.

— Moine, dit-il en entrant, suivez-moi; j'ai reçu de mon père l'ordre de vous introduire en sa présence.

CHAPITRE VI.

UNE CONFIDENCE DU VICOMTE DE COMBORN.

Archambaud de Comborn était assis devant l'âtre d'une grande cheminée, dans un fauteuil de chêne, finement sculpté; les lions de son écusson décoraient les montants de cette cheminée et le dossier de son siége. D'énormes chenets de fer, également à ses armes, servaient tout à la fois à soutenir les bûches amoncelées qui brûlaient devant le sombre seigneur de Comborn, et au repos de ses pieds, qui y avaient cherché un appui. Un temps plus calme avait succédé à la tempête; le ciel s'était éclairci, et, depuis une heure, la lune jetait ses pâles lueurs et sur la cime des arbres et sur les épaisses murailles des bâtiments. Les longues et étroites verrières des fenêtres laissaient pénétrer dans les appartements les tons bleuâtres de cette lumière, qui disputaient aux lumières des lampes les vastes profondeurs des grandes salles. Ainsi, dans la chambre où se tenait le vicomte de Comborn, la clarté du feu de la cheminée et celle d'une petite lampe de cuivre coloraient d'une teinte rougeâtre tous les objets qu'elles pouvaient atteindre, dans un cercle assez rétréci, tandis que près des fenêtres les rayons de la lune se jouaient sur les boiseries et sur le plancher. La porte et le mur qui leur étaient opposés demeuraient dans une obscurité complète. Ces mélanges de deux lumières différentes et de ténèbres, permettaient à peine d'entrevoir les peintures aux tons crus, qui décoraient les solives du plafond et les peaux de loup, ainsi que les armes, tant offensives que défensives, rangées contre les murailles. Une table, grossièrement taillée dans un bois épais, supportait, près du fauteuil d'Archambaud, une cruche de vin d'une grande dimension et une sorte de coupe à boire, faite de la corne d'un bœuf.

Quant au vicomte de Comborn, son costume était simple et commode; ni la soie, ni les broderies n'avaient été employées pour sa confection; on ne voyait briller à son cou ni à sa ceinture l'orfévrerie d'aucun bijou, l'éclat d'aucune pierre précieuse, mais il portait une sorte de chlamyde chaude et moelleuse, dont l'étoffe avait été fabriquée en Espagne, et le manche d'un poignard oriental, en jade, apparaissait sous les plis de ce vêtement. La tête du vicomte était nue et laissait voir son crâne brillant et poli comme un vieil ivoire autour duquel se groupaient quelques mèches de cheveux gris. Le vicomte Archambaud n'accusait encore son âge par aucun signe de décrépitude : l'écorce de ce rude homme de guerre avait bien pu être bronzée par le maniement habituel des armes, les fatigues des jours de combat et des nuits passées sous la voûte du ciel ; mais une énergie puissante animait ce corps de fer, les muscles de ses mains sèches et longues se dessinaient durement, comme des cordes d'acier, sous la peau qui les recouvrait. Sa taille ne s'était point voûtée et ne dénotait pas, par son embonpoint, la mollesse d'une vie passée dans les plaisirs ou dans l'étude sédentaire. L'éclat de son regard avait quelque chose de fauve et d'ardent, et des filets de sang traversaient l'émail de ses yeux, recouverts par des sourcils épais.

La lettre de l'abbé d'Obazine était encore ouverte devant lui, lorsque le moine qui l'avait apportée fut annoncé par Élie.

—Faites entrer ce moine, dit Archambaud ; et vous, Élie, veillez à ce que personne ne vienne interrompre la conférence que nous allons avoir ensemble.

Le moine s'avança d'un pas ferme jusqu'à quelques pas du seigneur de Comborn. Cependant, un observateur attentif aurait pu facilement remarquer une sorte de tremblement nerveux qui agitait sa bouche et crispait ses mains.

— Moine, dit Archambaud en lui faisant signe de prendre un escabeau, l'abbé d'Obazine n'a sans doute pas jugé prudent de s'aventurer à travers les plaines de Brive et de Saint-Viance jusqu'à mon *nid de vautours?* les Brabançons lui ont fait peur? Je lui pardonne ses terreurs, il n'est ni chevalier ni homme d'armes, et il peut trembler tout à son aise sans craindre de voir briser et diffamer son écu par la main du bourreau. Je désirais cependant ne confier qu'à lui un secret dont je veux décharger ma conscience, une mission qui demande de la prudence et de la discrétion.

— Le vicomte de Comborn peut se confier à moi comme à notre vénérable abbé, répondit le moine d'une voix si basse qu'elle semblait être celle d'un mourant; j'ai déjà été appelé à recevoir beaucoup de confidences, à entendre des confessions bien graves.....

Archambaud se leva brusquement au mot de confession, puis il retomba aussitôt sur son siége en faisant entendre un effroyable jurement.

— Crois-tu donc, moine, dit-il avec un rire sardonique, qu'Archambaud de Comborn t'ait fait venir à sa forteresse pour fatiguer tes vieilles oreilles du récit de ses folies passées? Si tu as pu le penser un seul moment, cesse de le croire, moine. Ce qu'Archambaud a fait, il l'a accompli en connaissance de cause; s'il a été rude à ses voisins, ses voisins ne l'ont pas ménagé; s'il a fait couler le sang, d'autres le faisaient couler. Enfin il a été ce que sont les hommes de son temps, un chevalier fidèle à sa parole, et qu'on a vu le dernier sur les champs de bataille.

— Le vicomte de Comborn n'a-t-il jamais tué d'hommes sans défense? n'a-t-il jamais forcé de pauvres filles qui imploraient sa miséricorde? n'a-t-il jamais trahi la confiance d'un ami?....

— Tais-toi, moine audacieux, s'écria Archambaud; tais-toi, je ne t'ai point appelé.... je n'avais point appelé ton abbé pour m'entendre en confession. Si j'ai péché, j'ai largement racheté mes péchés par de riches dons aux couvents de nos montagnes; les moines se sont chargés du poids de mes fautes moyennant de bonnes métairies, de beaux bois, et la pêche d'une partie de mes rivières. Par saint Étienne, je crois qu'ils veulent faire de moi un *Malvat*[1].

— Si le vicomte de Comborn ne désire point confesser ses fautes, que désire-t-il donc d'un pauvre moine?

— Oui, oui, d'un pauvre moine! voilà comme ils sont tous à les en croire, s'écria Archambaud, pauvres parmi les plus pau-

---

[1] *Malvat*, vaurien.

Pus en Henries terra non te ni manda,
Sia rey des *malvatz*.
Puisque seul des Henri, tu n'as lieu ni commande,
Sois le roi des malvats.
(Sirvente de Bertrand de Born à Henry le Jeune.)

vres, et ils rognent nos héritages avec une ardeur sans égale. Mais écoute, pauvre ou non, j'enrichirai ton couvent si ton abbé et toi vous voulez suivre mes instructions à la lettre.... si vous êtes prudents et discrets...., sinon....

— Que ferait monseigneur Archambaud, si nous ne pouvions accomplir ses intentions, si malgré nous son secret venait à être connu?

— Ce que je ferais.... écoute-moi bien avant de recevoir ma confidence, avant de t'enchaîner par une promesse, car une fois que tu m'auras juré d'accomplir ce que je veux exiger de ton couvent, il faudra que tes moines, ton abbé et toi, vous soyez fidèles jusqu'au tombeau et muets comme la mort!... Ma colère sans cela vous poursuivrait partout; rien ne vous mettrait à l'abri de ma vengeance, ni les murs de votre couvent, ni vos reliquaires, ni vos excommunications; le lion de Comborn saurait saisir sa proie dans quelque lieu qu'elle allât se réfugier, fût-ce derrière le tabernacle de vos autels.

Le moine écouta en silence, et sans laisser paraître aucun trouble, les menaces d'Archambaud, puis il répondit :

— Si, sans manquer à nos vœux, sans nous rendre coupables de crime, nous pouvons nous engager envers le seigneur de Comborn, recevez, puissant vicomte, notre promesse de vous obéir.

— Ce que j'ai à demander à l'abbé d'Obazine et à ses moines, reprit Archambaud, ne peut en aucune façon les faire manquer à leurs vœux; je reçois donc ton serment, moine; je le reçois pour toi et pour ta communauté. Sois attentif à mes paroles et songe à les ensevelir dans ton sein plus profondément que le fer ne l'est dans les entrailles de la terre. Maintenant si avant de m'entendre tu veux réchauffer ton cœur par une coupe de ce vieux vin, sers-toi, moine, car la nuit a été rude au voyageur, et le vent qui souffle dans nos montagnes dessèche aussi bien le gosier des hommes que les feuilles de nos arbres.

Le moine remercia le vicomte par un geste

de refus, et il approcha de la table son escabeau de bois, pour être plus à portée d'entendre ce qu'avait à lui dire le lion du bas Limousin.

Après quelques minutes de silence, Archambaud commença ainsi :

— Tu ne connais sans doute pas notre pays ; tu n'es pas né dans nos régions montagneuses, et leurs habitants sont sans doute aussi ignorés de toi que les routes de nos vallées ?

Le moine répondit affirmativement par un mouvement de tête.

Eh bien ! tu sauras donc, prêtre d'Obazine, qu'il y a déjà bien des années, une jeune fille vivait avec sa mère, sur la lisière de ma forêt, en remontant vers Uzerche. Cette jeune fille avait pour père Èble, un des gardes les plus redoutés des braconniers, qui alors ravageaient mes chasses ; elle était belle comme la plus belle de toutes les femmes de nos rêves de jeunesse, brune, avec de grands yeux noirs, et sa taille, souple et déliée, avait toute la grâce des jeunes arbres balancés par le vent !.. Mais j'oublie que tu ne dois pas connaître l'influence de la beauté, et que les désirs charnels ne sont jamais entrés comme un feu brûlant dans ta poitrine !...

Le moine retint, non sans effort, un pénible soupir, et le vicomte Archambaud se servit une coupe de vin, qu'il vida d'un seul trait.

— Je te disais donc, reprit-il bientôt, que la fille d'Èble le garde-chasse était belle comme les plus belles vierges peintes sur le parchemin de vos missels. Je ne l'avais jamais vue, lorsque son père fut tué par les braconniers qu'il surprit chassant dans mes forêts. Èble était mon homme; il portait mon lion brodé sur sa casaque; il était chargé de faire respecter mes domaines. Je ne laissai point sa mort sans vengeance. Les arbres de la forêt qui avaient vu le crime servirent de gibet aux meurtriers; ils étaient cinq, cinq y furent accrochés par mes ordres, et les corbeaux se sont nourris de leurs cadavres pendant tout un long hiver. La femme d'Èble allait souvent contempler les nouveaux fruits que ma justice faisait pousser aux branches de mes chênes, lorsqu'un soir je la rencontrai suivie de sa fille, la belle Guicharde. Je ne pourrais pas te faire comprendre, moine au cœur froid, l'impression que la vue de cette jeune fille produisit sur moi ; qu'il te suffise de savoir que ce jour-là je jurai en moi-même, par ma couronne de vicomte, et je n'ai jamais manqué à ce serment, que la belle Guicharde m'appartiendrait.

— Pouviez-vous ainsi profaner la sainteté d'un serment, s'écria le moine en se levant par un mouvement violent.

— Silence, moine, silence ; je ne t'ai pas fait venir pour entendre d'inutiles remontrances ; tais-toi et ne prétends pas juger ce que tu ignores ; la voix du désir parle plus haut dans le cœur d'un homme habitué depuis son enfance aux combats et à la vie des gens de guerre, que les sermons des prêtres et que ceux des vieilles femmes. En voyant Guicharde je jurai qu'elle m'appartiendrait ; j'étais plus jeune alors, plus impétueux que je ne le suis aujourd'hui, et cependant, encore aujourd'hui, si je la voyais pour la première fois, telle que je la vis alors, je ferais le même serment.

— Mais la belle Guicharde, murmura le moine d'une voix étouffée par l'émotion, avait-elle attendu cette rencontre pour donner son cœur à l'amour? On dit que les jeunes filles sont comme les oiseaux des bois, qui saluent de leurs chants les premiers soleils du printemps; à peine le printemps de leur vie a-t-il lui pour elles, qu'elles éprouvent le besoin d'aimer.

— On t'a dit vrai, prêtre; les jeunes filles éprouvent le besoin d'aimer aussitôt qu'elles sont sorties des langes de l'enfance. Guicharde avait pour amant un jeune écuyer de notre maison, Guillaume, mais je ne le sus que plus tard. Guillaume était plus jeune que moi, et nos caractères différaient alors autant que nos personnes. Il était doux et presque timide, moi j'étais ce que j'ai toujours été, rude et hardi; Guillaume avait la beauté d'une femme, une expression triste et tout à la fois langoureuse dans le regard, moi je portais dans mes yeux et sur mon front l'annonce de mes passions violentes. Eh bien! quoique Guicharde crût aimer Guillaume, quoiqu'elle eût reçu l'aveu de son amour, quand elle eut à choisir entre le vicomte de Comborn et l'écuyer Guillaume, lequel des deux crois-tu qu'elle choisit?

— Vous, peut-être, dit le moine en crispant ses doigts contractés. Sainte Mère de Dieu! une telle chose a-t-elle pu être possible!

— L'écuyer Guillaume fut délaissé, reprit Archambaud, sans faire attention à l'interruption du moine; Guicharde n'alla plus se promener avec lui sur les hautes bruyères de nos montagnes; elle ne reçut plus de lui les bouquets qu'il allait lui cueillir au fond de nos vallées. La douceur et la timidité de Guillaume lui parurent de jour en jour moins aimables, et lorsque je lui eus dit: Belle Guicharde, je t'aime, elle ne songea plus à lui.

— Mais lui, lui, que devint-il, demanda le moine?...

— Ce que devint Guillaume, dis-tu? il se résigna mieux que nous n'aurions pu le penser; il se fit tuer dans une rencontre, lorsque nous prîmes les armes à l'instigation de Bertrand de Born, pour soutenir Richard d'Angleterre contre les troupes de son père. Je le vis tomber non loin de moi, blessé mortellement.

— N'essayâtes-vous pas de le secourir, vicomte de Comborn?

— Peux-tu en douter, moine sans jugement, répondit Archambaud avec sévérité. Tout mon rival qu'il fût, Guillaume était mon homme; il portait sur sa cotte d'armes le lion de mon écu; c'était un bon et fidèle serviteur, qui poussait bravement notre cri de guerre. Lorsque je le vis tomber, j'accourus pour dégager au moins sa dépouille, pour empêcher l'Anglais de faire un trophée des armes de mon écuyer. Je vengeai largement sa mort dans le sang de ceux qui l'avaient tué; mais ce jour-là la fortune des armes ne nous fut pas favorable; les Anglais nous repoussèrent, et je ne pus emporter son corps. Guillaume a eu la sépulture d'un homme de guerre, un champ de bataille.

— Dieu fasse paix à son âme, dit le moine avec une émotion qui donna à sa voix quelque chose de rauque et de strangulé. Une telle fin dut cependant attrister Guicharde, car elle l'avait aimé.

Archambaud laissa errer un sourire sur sa rude figure; puis il répondit :

— On voit bien que vous autres, hôtes des couvents, vous ignorez le monde et les passions de ceux qui l'habitent; l'amour, quand il s'éteint dans le cœur d'une femme, est remplacé par une sorte de haine; elle ne voit plus qu'avec horreur l'objet de son ancienne idolâtrie. Quoique Guillaume n'eût jamais fait entendre un reproche à Guicharde, il était pour elle comme un remords toujours présent; elle tressaillait dans mes bras, lorsque le vent agitait le feuillage au-dessus de nos têtes, et croyait entendre sa voix dans les sifflements de la bise à travers les rochers. Le jour où je lui annonçai la mort de Guillaume, Guicharde respira plus librement; elle ne fut plus ni inquiète, ni agitée, et jamais depuis elle n'a prononcé son nom.

— Femme sans cœur, sois maudite dans le présent et dans l'éternité! s'écria le moine, emporté par un mouvement de colère irrésistible.

— Qui t'a donné le droit de maudire, méchant moine? dit Archambaud d'une voix retentissante comme la voix du tonnerre; d'où vient ton audace et ton insolence, d'oser, devant moi, lancer ta malédiction sur une femme qui est ma maîtresse! Sais-tu qu'il n'est pas bon de s'attaquer à moi ou aux miens? que pour des paroles moins imprudentes il y en a qui dorment maintenant d'un sommeil éternel, et qui, sans cela, seraient encore pleins de vie? Mais je veux croire que tu t'es laissé égarer par un zèle religieux mal éclairé. D'ailleurs je me suis promis d'être patient.... Ainsi tu n'as rien à craindre, rassieds-toi et prête-moi de nouveau ton attention.

Le moine courba sa tête sur sa poitrine et attendit, dans une attitude humble et craintive, la suite des confidences du vicomte.

— Depuis ce jour, Guicharde se montra plus aimante et plus dévouée qu'elle ne l'avait encore été ; je ne l'aimais pas comme Guillaume l'avait aimée ; en un mot, je n'avais pas d'amour pour elle, car je n'ai jamais éprouvé ce que les hommes nomment de l'amour ; mais elle me plaisait ; sa beauté fière et sauvage avait fait une forte impression sur mes sens. J'aimais sa fougue impétueuse, ses ardeurs sans frein et son dévouement sans borne. Guicharde appartenait par son père à ces populations mauresques, réfugiées, depuis leur défaite sur les bords de la Loire par Karl-Martel, dans le village de Biar[1], qui fait partie de mes

---

[1] La tradition rapporte que le village de Biar fut construit par les Maures, après leur défaite sur les bords de la Loire. Plusieurs de leurs bandes, en cherchant à se frayer un passage à travers nos provinces méridionales, furent cernées

possessions. Guicharde avait conservé le caractère de sa race; ses passions étaient indomptées comme l'eau des torrents; elle me plaisait ainsi, et ma rudesse lui plaisait plus que les soupirs langoureux, les serments doucereux des autres hommes. Au lion, il faut la lionne, à l'aigle sa femelle, à moi que l'on a surnommé le vautour de Comborn, il me fallait une compagne qui eût des serres comme j'avais des serres, qui ne craignît ni la tempête, ni la bataille, ni le champ de carnage, et Guicharde n'a jamais rien craint; elle m'a suivi dans mes expéditions les plus périlleuses ; elle a dormi sous un ciel froid et sur une terre glacée, parce que j'y dormais à ses côtés; elle a été sans pitié lorsque j'étais sans pitié. Enfin, moine, jamais accouplement n'a réuni deux

par les populations de ces contrées, et durent, pour éviter d'être massacrées, embrasser le christianisme, et se reconnaître sujettes des seigneurs sur les terres desquels leur défaite les avait poussées.

La population du village de Biar a conservé le type oriental, et contraste, par ses mœurs et le caractère de sa physionomie, avec les populations environnantes.

êtres plus semblables que nous ne le sommes Guicharde et moi.

— Et depuis la mort de Guillaume, rien ne vous a jamais séparés ? demanda le moine.

— Rien, répondit Archambaud, rien..... Pendant quelques secondes il ferma les yeux d'un air pensif, et deux rides plus prononcées se dessinèrent entre ses sourcils. Il parut vouloir repousser un souvenir importun ; puis il passa deux fois la main sur son front, et reprit bientôt d'un son de voix guttural : J'avais épousé la fille de Boson, comte de Périgord ; ce mariage avait été conclu par des motifs d'intérêt politique, et parce qu'il fallait que je laissasse une lignée, des fils pour porter mon nom. Jourdaine, ma femme, était jalouse ; elle faisait épier mes moindres démarches. Un moine, un maudit moine, lui apprit un jour que Guicharde était mère, et que je portais à son enfant plus de tendresse qu'à ceux que le mariage m'avait donnés.

— Guicharde devint mère ? murmura le moine respirant à peine.

— Oui, Guicharde m'a donné un fils, et Jourdaine apprit sa naissance, que j'avais cachée avec soin. Jourdaine apprit sa naissance, et jura sa mort ; elle ne put supporter la pensée de voir partager mon affection de père ; elle qui était demeurée sans jalousie en présence de mon infidélité.

— Et parvint-elle à faire tuer le fils de Guicharde ? eut-elle le loisir d'accomplir sa vengeance et celle de ses enfants ?

— Elle n'en eut ni le temps, ni le moyen ; je découvris ses intrigues et celles du moine qu'elle avait fait son espion ; je les séparai, et je mis le fils de Guicharde en sûreté. Archambaud n'a jamais permis que qui que ce soit au monde fût assez hardi pour oser s'opposer à ses volontés, pour entrer malgré lui dans ses secrets.

— Et comment fîtes-vous pour imposer silence à vos ennemis sur toute cette affaire ? demanda le moine.

— Viens, dit Archambaud en se levant ; viens près de moi, dans l'embrasure de cette fenêtre, et regarde la citerne que la lumière de la lune nous permet d'apercevoir à l'angle d'un mur de ce bâtiment, contre la tourelle qui s'avance au-dessus du rocher de la Vezère; là, vois-tu?

— Oui, je la vois, répondit le moine.

Le vicomte de Comborn fixait ses yeux ardents sur le point qu'il avait désigné; sa main tendue indiquait encore la direction que devait suivre le regard du moine; mais, tout entier à ses souvenirs, il parut pour quelques moments l'avoir oublié.

— Eh bien! dit le moine.

Archambaud reprit sa présence d'esprit et sa puissance sur lui-même.

— Eh bien!... répéta-t-il, j'ai suivi l'espion de Jourdaine, comme le chasseur suit le loup, comme des chiens affamés suivent leur proie. Un soir, je l'ai surpris aux portes de son couvent, et, malgré ses protestations, malgré ses cris de miséricorde, je l'ai amené ici, dans mon château, pieds et poings liés, avec un bâillon entre les dents. J'aurais pu le tuer sur le champ et le jeter dans la Vezère, du haut du rocher qui lui sert de rivage ; mais il me fallait un exemple, il me fallait vaincre par la terreur la femme que je ne pouvais punir autrement de ses mauvais vouloirs envers le fils de Guicharde, j'ai gardé mon prisonnier seul avec moi, dans cette chambre, pendant toute une longue journée, et quand la nuit fut venue, je pris le moine d'une main et Jourdaine de l'autre : je les amenai tous deux sur le bord de cette citerne ; Jourdaine fut seule témoin de mon action ; seule, elle vit les horribles convulsions du moine, quand je prononçai son arrêt !... Jourdaine et moi nous rentrâmes dans ce donjon comme le jour commençait à paraître. Jourdaine était plus pâle que l'aurore du 7 novembre qui se levait derrière les montagnes ; ses lèvres avaient bleui et ses cheveux s'étaient mélangés de quelques teintes blanches ; mais jamais, depuis cette nuit, il ne fut question entre nous ni de Guicharde, ni du moine, qui ne reparut plus à son couvent... et qui n'y pouvait plus reparaître !

Tu comprends, maintenant, délégué d'O-bazine, comment je crains peu l'indiscrétion de ceux qui surprennent ou reçoivent mes secrets.

Après ces derniers mots, Archambaud et le moine quittèrent l'embrasure de la fenêtre, à travers les vitraux de laquelle ils avaient examiné la position de la citerne, et reprirent leur première place devant le feu qui brûlait dans la cheminée.

— Mais l'enfant, l'enfant, que devint-il? demanda le moine avec impatience.

— Tu n'as pas trouvé une plainte dans ton cœur pour ton confrère le moine? répondit Archambaud. Tu n'as pas tressailli en écoutant le récit de sa mort? Quel homme es-tu donc, pour demeurer ainsi impassible? Sais-tu, moine, sais-tu, que moi-même, oui, moi, Archambaud de Comborn, malgré ma fermeté et mon courage, je me réveille quelquefois la nuit en sursaut, les cheveux hérissés sur ma tête et le corps couvert d'une sueur froide, parce que j'ai revu le moine maudit?...

— Paix aux morts, murmura le moine; leur vengeance appartient à Dieu; mais l'enfant, que devint-il?... qu'est-il devenu?...

— Crains-tu que je ne m'en sois défait dans un jour de colère? Non, non, je t'ai dit que je l'aimais comme un père aime son enfant le plus chéri!... Je l'ai éloigné, je l'ai mis en sûreté, et il a grandi loin de moi, ignorant que je suis son père; car il le fallait, dans l'intérêt de mes projets futurs à son égard.

—Quels projets a conçus le vicomte de Comborn pour l'avenir de cet enfant, fruit de l'adultère, et qui fut la cause d'un crime?

— Tu reprends donc ton insolente hardiesse, moine, s'écria Archambaud? Oses-tu me parler ainsi, dans mon château, près de la citerne que je t'ai montrée?

— Je vous ai promis de garder le silence sur ce que vous me confierez, vicomte de Comborn, répondit le moine avec fermeté; mais je ne vous ai pas promis d'approuver vos actes de vengeance ni vos amours coupables; vous ne l'avez pas espéré?

— Très-bien, très-bien, moine; ta hardiesse me plaît; je n'ai cherché ni ton approbation, ni ta désapprobation, et pourvu que tu sois aussi fidèle que tu es audacieux, c'est tout ce que j'attends de toi. L'enfant de Guicharde existe : il est aujourd'hui grand et fort plus qu'on ne l'est ordinairement à son âge; il a seize ans, et défierait les plus intrépides, soit à la course, soit à la chasse. Il a été élevé par le garde-chasse d'un de mes voisins, le chevalier Guy de Lasteyrie; et, ni le garde, ni son maître ne savent quels sont ses parents. Une femme le remit un soir dans la cabane de Gilles, avec quelque argent, et lui fit promettre de ne s'en séparer que lorsque la personne qui viendrait le réclamer lui représenterait l'autre moitié d'une pièce d'or qu'elle laissa entre ses mains. Le temps est arrivé pour l'enfant de Guicharde de sortir de la cabane du garde Gilles; je veux qu'il vienne habiter mon château; qu'il soit près de moi, et que je puisse l'approcher de ma personne, sans que ni Jourdaine, ni aucun de mes autres enfants y trouvent à redire. C'est pour parvenir à ce but que j'avais fait appeler l'abbé d'Obazine; c'est pour l'accomplissement de ce désir, de cette volonté, que tu es venu au château d'Archambaud de Comborn.

— Je ne comprends pas, répondit le moine, comment les moines du couvent d'Obazine pourraient vous aider à introduire votre bâtard dans ce château.

— Je vais te l'expliquer en peu de mots, et retiens-les bien en ta mémoire. Tu n'ignores pas que demain, au point du jour, l'armée des seigneurs du Limousin se met en marche, pour chasser les Brabançons de leur repaire? L'évêque de Limoges et l'abbé de Saint-Martial marcheront avec nous ; ton abbé lui-même a promis de fournir un contingent d'hommes, pris parmi ses vassaux le plus en état de combattre ; je veux leur donner le fils de Guicharde pour les commander ; je veux qu'à leur tête, il fasse, près de moi, ses premières armes. Quand il aura combattu pour son pays contre les brigands qui oppriment les pauvres vallées !...

— Et qui s'emparent même quelquefois des châteaux-forts des orgueilleux barons, s'écria le moine avec vivacité.

— Oui, moine, tu ne dis que malheureusement trop la vérité ; les routiers ont forcé des châteaux, mais ils ne s'enorgueilliront pas longtemps de leur triomphe passager!... Je disais donc que lorsque le fils de Guicharde aura prouvé sa bravoure contre les Brabançons, je pourrai le prendre pour écuyer et l'avoir près de moi en paix comme en guerre. Nul ne s'étonnera de me voir choisir un écuyer parmi de vaillants hommes d'armes ; on applaudira même à mon choix, qui passera pour une récompense accordée aux soldats de notre armée... Que dis-tu de mon projet? moine. Je n'exige rien qui soit contraire à vos vœux, rien qui vous force à enfreindre votre règle, et pour un tel service, Archambaud saura récompenser l'abbé d'Obazine et son couvent avec magnificence.

Le vicomte de Comborn prit alors dans une longue poche pratiquée dans la doublure de sa chlamyde, un parchemin scellé de son sceau et l'étala sur la table, devant le moine.

— Tiens, prêtre d'Obazine, lis, si tu sais lire, la donation que je te charge de porter à ton abbé ; lis, tu verras que je me dessaisis en votre faveur de la propriété de ma terre de Chadabec, en abandonnant même tous mes droits seigneuriaux sur cette terre. Le domaine de Chadabec est un morceau friand pour des moines ; les pâturages en sont beaux, et les vignes donnent d'excellent vin.

Comme Archambaud vit que le moine paraissait moins sensible à cette donation qu'il ne s'y était attendu, il ajouta d'une voix plus basse, et en plaçant à côté du parchemin une bourse bien remplie : Prends aussi cette bourse et l'or qu'elle contient ; elle servira à payer des messes pour le repos de l'âme du moine qui n'est jamais sorti de ma citerne depuis que je l'y ai fait descendre.

CHAPITRE VII.

SUITE D'UNE CONFIDENCE DU VICOMTE DE COMBORN.

Le moine d'Obazine resta plusieurs minutes plongé dans une profonde méditation ; il avait posé sa tête dans ses mains, et ses coudes s'appuyaient sur la table ; le vicomte de Comborn l'examinait avec attention et n'attendait pas sa réponse sans anxiété. Enfin il se releva, et jetant un regard ferme sur Archambaud, il lui répondit d'une voix brève et dure dans sa brièveté :

— Ce que vous demandez aux moines d'Obazine sera fidèlement exécuté; le service que vous attendez de son abbé vous sera rendu; vous verrez le fils de Guicharde au combat qui aura prochainement lieu entre les Brabançons et l'armée confédérée des communes et des seigneurs du Limousin. Vous ferez ensuite de ce jeune homme ce que vous voudrez.

— Je n'attendais pas moins de l'abbé d'Obazine, répondit Archambaud; il doit savoir que j'ai toujours porté un grand intérêt à son couvent, et mon intention est d'y faire entrer incessamment mes deux fils, Pierre et Raymond. Maintenant, écoute-moi de nouveau, moine : il faut que tu te rendes cette nuit chez le garde Gilles, et que, muni de l'autre moitié de la pièce d'or qu'il a entre les mains, tu lui redemandes l'enfant qui lui a été confié.

— Qui me conduira chez Gilles? dit le moine; je ne connais pas les chemins, et je pourrais m'égarer dans les détours de la forêt de Comborn.

— J'ai tout prévu pour ton départ : mon vieux sommeiller te guidera jusque chez Guicharde, qui, sur la limite même de ma forêt, occupe une maison que je lui ai donnée, et Guicharde marchera devant toi jusqu'à la maison de Gilles.

— Chez Guicharde ! s'écria le moine... chez Guicharde !...

— Oui, chez la mère de l'enfant que je te confie. Mais pourquoi ces exclamations et cet air d'épouvante ? As-tu peur de te trouver seul, la nuit, dans les champs avec une femme ? redoutes-tu à ce point la tentation de la chair ?... Rassure-toi, moine pudique ; Guicharde a passé les jours de sa jeunesse ; sa beauté n'est plus qu'un souvenir vivant seulement au cœur de ceux qui ont aimé tout ce qu'il y avait en elle de séductions. Pars en paix ; tu n'as rien à craindre ; d'ailleurs Guicharde n'a jamais eu d'amitié pour les moines ; elle a toujours été un peu Sarrazine.

Et le vicomte de Comborn se mit à rire, en songeant aux craintes de son envoyé.

— Je ne redoute ni les séductions de Guicharde, ni celles d'aucune femme, reprit le moine ; je suis à l'abri des tentations ; mon cœur est mort à tout plaisir humain ; je ne vis plus depuis longtemps que pour une seule idée.

— Oui, moine, oui, je te devine, répondit Archambaud en souriant de pitié ; tu travailles à gagner le paradis.

Le moine s'inclina sans répondre.

— Tu dois être fatigué : consacre quelques heures à prendre du repos ; accepte un repas substantiel et une coupe de mon vin de Saint-Bonnet. En voyage il est permis, même à un moine, de manger de la chair et de boire du vin ; la règle de ton couvent ne t'ordonne pas d'épuiser ton corps, et la nuit sera rude.

— Je suis habitué aux fatigues, je ne bois jamais que de l'eau et je ne prends qu'un peu de pain et des légumes pour mes repas.

— Tout habitué aux fatigues que je sois, dit Archambaud, certes je ne pourrais me contenter d'un pareil régime; mais tu seras servi suivant tes désirs. Puis mon vieux sommeiller te conduira chez Guicharde. Le jeune homme que Gilles remettra entre tes mains est connu sous le nom de Hugues; quant à ses parents, il ignore entièrement quels ils sont; tu lui diras donc ce que tu voudras à ce sujet. Recommande-lui d'être vaillant et de se porter fièrement au combat, car il y va pour lui de toute sa destinée. Prends bien garde de tomber dans quelque embuscade de ces maudits Brabançons; tu sais qu'ils n'ont point les gens de ta robe en grande vénération, quoique l'on prétende que leur chef, Leclerc, ait été jadis un des vôtres.

— Je ne crains pas les embuscades des Brabançons, dit le moine; le Seigneur qui a su me dérober à leurs yeux pour m'amener jusqu'ici, ne m'abandonnera point lorsque je reviendrai, après avoir réussi au delà de mes désirs!...

— Et que désirais-tu donc ? s'écria le vicomte de Comborn, surpris de la vivacité avec laquelle le moine venait de prononcer ces derniers mots.

— Rien que de sortir sain et sauf des murs de Comborn, monseigneur, murmura-t-il en reprenant son impassibilité.

— Craignais-tu que je ne te fisse enterrer tout vivant, stupide enfroqué ? Croyais-tu qu'Archambaud se donnait le plaisir d'appeler les moines d'Obazine pour les faire périr dans les cachots de ses tours ? Suis-je donc un monstre dont on fasse peur aux enfants et aux vieilles femmes ? Par mon épée, je ne suis redoutable qu'à ceux qui m'attaquent ou à ceux qui veulent me barrer le chemin. Ceux que j'appelle à venir se reposer sous mon toit comme hôtes, sont en sûreté, fussent-ils d'ailleurs mes ennemis mortels. Va, moine, va rassure-toi, et comprends à la fin que tu avais tort de craindre ; tu es venu ici les mains vides et tu repars les mains pleines. Prends la donation que je fais à ton couvent de ma terre de Chadabec, et prends aussi cette bourse bien garnie. Tu pourras dire au moins qu'Archambaud de Comborn a été généreux une fois de plus dans sa vie.

Archambaud prononça ces paroles avec une sorte d'exaltation, et non sans faire de violents efforts sur lui-même pour retenir sa colère, puis il prit un sifflet d'argent suspendu à son cou et en tira un son aigu. Aussitôt Élie, qui attendait les ordres de son père dans une pièce voisine, ouvrit la porte et souleva la tapisserie qui la masquait.

— Élie, lui dit le vicomte de Comborn, faites venir le vieux Geoffroi et vous pourrez ensuite vous retirer. Il faut que demain nous soyons de bonne heure à cheval ; prenez du repos ce soir ; les fatigues et les combats ne nous permettront peut-être pas d'en goûter beaucoup d'ici à quelque temps.

Élie se retira et le vieux Geoffroi ne tarda pas à paraître.— Écoute, lui dit son seigneur, écoute, mon vieux serviteur, tu vas prendre ce moine avec toi, tu le mèneras dans ta chambre, où tu lui donneras à boire et à manger suivant son désir; mais il ne prend que des légumes, du pain et de l'eau, tu n'auras pas de peine à contenter son appétit. Je veux que personne ne lui parle, entends-tu bien, Geoffroi; qu'il soit comme un sourd et muet, et qu'aucun de mes gens ne se permette envers lui la moindre raillerie; il est mon hôte, Geoffroi, et je te le confie. Quand il sera rassasié et reposé, tu lui feras donner son cheval et tu l'accompagneras toi-même jusqu'à l'autre extrémité de la forêt, chez Guicharde. Là cessera ta mission; tu le laisseras seul et tu viendras me retrouver.

— Oui, monseigneur, répondit Geoffroi en s'inclinant; vos ordres seront exécutés.

Archambaud, avant de se séparer du moine, s'approcha de lui, et, lui serrant avec force une de ses mains dans ses mains nerveuses, il lui dit en se penchant vers son oreille :

— Souviens-toi, prêtre d'Obazine, que tu portes désormais avec toi le secret d'Archambaud. Partout où tu seras je te surveillerai, et malheur à toi, si j'avais à te punir d'un manque de foi ! Archambaud est aussi rigoureux dans ses punitions qu'il se montre grand dans ses récompenses. » Et d'un regard vif et qui semblait jeter des éclairs, il désigna tour à tour au moine le parchemin et la bourse, ainsi que la fenêtre par laquelle il lui avait montré la citerne.

— Je me souviendrai de tout, vicomte de Comborn, et vous me trouverez toujours prêt à vous rendre compte de la mission que j'ai acceptée. Avant la fin de la semaine, vous rencontrerez Hugues sous la cotte de mailles de l'homme d'armes. Quant à lui trouver un père, je lui en trouverai un, monseigneur, et alors tout ce que j'ai promis sera accompli.

Le moine, après avoir donné ces assurances au vicomte de Comborn, répondit à la vigoureuse pression de sa main par une étreinte non moins puissante, et qui décelait une grande force musculaire.

— Le jeûne et l'abstinence ne t'ont rien

fait perdre de ta vigueur, s'écria Archambaud, et j'aimerais mieux te voir au nombre de mes hommes d'armes que parmi les marmoteurs d'oraisons de l'abbaye d'Obazine. Par saint Martial de Limoges, tu es un vigoureux compagnon.

— S'il faut des hommes de guerre aux puissants vicomtes de Comborn, aux rois des montagnes du bas Limousin, il leur faut aussi des moines qui adressent chaque jour au ciel des prières pour le rachat de leurs crimes. Archambaud-*Jambe-Pourrie* et Archambaud III qui égorgea douze moines de sa propre main dans l'abbaye de Tulle, réclament d'incessantes oraisons.

— Mes pères ont payé largement tes couvents, moine ; songe à parler d'eux avec respect. Ils furent les bienfaiteurs de tous les porte-robes de la contrée. Archambaud-Jambe-Pourrie, mon brave aïeul, n'a-t-il pas donné l'église de Sainte-Marie[1] et huit manses bonnes

---

[1] Archambaud-Jambe-Pourrie, vicomte de Comborn, le premier dont il soit fait mention dans l'histoire, était fils

et productives aux moines d'Uzerche pour obtenir leurs prières? Vous oubliez vite les bienfaits, vous autres moines; mais vous vous souvenez longtemps de la moindre blessure. Archambaud III [1] a tué une douzaine de moines

de Raymond I*er*, comte de Quercy; il vivait vers le milieu du x*e* siècle, et mourut vers l'an 993. Il donna, en présence de ses deux fils, l'église de Sainte-Marie avec six manses à l'abbaye d'Uzerche, et de plus deux manses situées à Cousage et au village des Bordes, à condition que les moines célébreraient, pour le repos de son âme, pour celles d'Ébles et d'Archambaud, ses fils, et de ses autres parents, une messe chaque semaine, une autre tous les jours fériés, et qu'ils entretiendraient, à leurs frais, un pauvre dans leur cloître.

(Cart. Uzercens.)

[1] Alors Archambaud III, vicomte de Comborn, avait plusieurs crimes à expier. Un jour, tout en colère, il était venu dans l'abbaye de Tulle, et y avait fait massacrer douze moines qui osaient résister à son ambition. Après avoir donné la chapelle de Genest à saint Martin de Tulle pour lui faire oublier son crime (1071), il obtint de Gui, évêque de Limoges, comme expiation de ses péchés, la permission de fonder le monastère de Meymac de l'ordre de Saint-Benoît, qu'il déclara libre de toute juridiction et exempt de toute espèce de droits seigneuriaux.

(Mabillon, tom. V.)

brouillons qui lui suscitaient mille chicanes; mais n'a-t-il pas fondé et doté richement le monastère de Meymac?

— Il a aussi renoncé en cette occasion à ses prétentions sur l'église d'Objat, ajouta le moine.

— Oui, oui; ta mémoire est fidèle, reprit Archambaud; tu sais comment et par qui nous avons été dépouillés. Mais retire-toi, va, mon sommeiller t'attend, et il n'est pas toujours bon de me rappeler le souvenir de l'avidité de tes pareils; plus ils s'enrichissent et plus nous nous appauvrissons. Ils sont insolents dans la prospérité, mais quand les jours de malheur arrivent, à qui ont-ils recours? Eux qui ne donnent jamais leurs prières pour rien, réclament les secours gratuits du vicomte de Comborn; ils viennent à son château lui montrer leurs larmes, lui raconter leurs malheurs; alors il n'est plus question de crimes à expier, de meurtres à faire oublier : Archambaud de Comborn est un bienfaiteur de l'Église qui ne doit pas abandonner les enfants de Dieu aux violences des coteraux des Brabançons, ou de tous autres diables, quels que soient leurs noms.

— Je suis venu au château de Comborn appelé par son illustre châtelain, dit le moine d'une voix lente. Je n'y suis point entré en solliciteur, ni pour y faire étalage de nos malheurs. Les moines d'Obazine n'avaient rien à demander; ce n'est pas moi qui....

— Silence, moine, silence!... Par mon épée, c'est assez d'audace... Toi et moi nous avons bien des choses à faire d'ici à demain matin... Séparons-nous en paix, la nuit s'avance, et rendons-nous chacun où notre devoir nous appelle. Avant de quitter Comborn, j'ai de nombreux ordres à donner, et demain, au point du jour, il faut que je sois le premier en selle.

Le vicomte de Comborn congédia le moine par un signe impérieux de sa main, et quand il fut seul, il demeura pendant quelques minutes plongé dans une sombre réflexion; puis, secouant les pensées qui l'agitaient comme on secoue un fardeau inutile, il se rendit dans la grande salle des armes pour choisir celles dont il voulait être revêtu le lendemain.

CHAPITRE VIII.

L'ATTENTE.

Au moment où le moine et le vieux sommeiller chargé de le conduire jusqu'au logis de Guicharde, franchissaient le pont-levis de la poterne de Comborn, et que derrière eux retombait la lourde herse qu'en temps de troubles on abaissait toujours, la lune, se dégageant des nuages qui l'avaient voilée pendant une partie de la soirée, se montra tout à coup brillante et radieuse. Il fut alors possible au moine voyageur de contempler le magnifique paysage dont on jouit dans cette position élevée. Le château de Comborn se détachait, sombre et imposant, suspendu au-dessus des précipices qui lui servaient de fossés du côté de la Vezère, sur un rideau de vapeurs blanchâtres venues des vallées les plus profondes. De l'autre côté de la Vezère, apparaissaient des rochers montant d'étages en étages jusqu'à une élévation assez grande, puis des bois de chêne et des masses de châtaigniers qui, joints à ces bois, les continuaient sans permettre à l'œil de distinguer où finissait la forêt, où commençait le simple *couvert*. Aussi loin que le regard pouvait s'étendre, aucun clocher, aucune habitation ne dressait ses toits pointus pour annoncer la demeure des hommes; tout était désert et solitude sauvage autour de Comborn, et ceux qui avaient surnommé le château d'Archambaud un nid d'aigles ou de vautours, s'étaient servi, pour faire comprendre sa position, de la comparaison la meilleure à employer, car un aigle ou un vautour n'eussent pas choisi un autre emplacement pour abriter leur couvée.

Le silence de la nuit n'était troublé par aucun bruit; tout dormait dans Comborn et dans la forêt, à l'exception de quelques hommes d'armes postés sur les tours du château et que d'autres hommes d'armes venaient relever toutes les heures, à l'exception des oiseaux de nuit qui, du fond des vieux arbres creusés par les pluies des hivers, faisaient entendre leur cri plaintif et perçant.

Le moine, avant de s'engager dans les chemins sinueux de la forêt, se retourna pour examiner une dernière fois le château de Comborn. Il demeura l'espace de temps nécessaire pour dire un *bene dicite*, les bras croisés sur la poitrine et les yeux fixés vers le donjon qu'il venait de quitter. Sans doute Geoffroi le sommelier crut qu'il se livrait à quelque oraison mentale, car il n'osa pas lui adresser la parole pour l'engager à reprendre sa marche, et il attendit patiemment le moment où il voulut se remettre en route. Les deux voyageurs traversèrent la Vezère à un gué ou plutôt à une espèce de pont naturel formé par de grosses masses de granit, précipitées par les orages dans le lit de la rivière; il leur fallut ensuite gravir, au grand déplaisir de leurs montures, une rampe étroite et glissante qui cotoyait, jusqu'à son sommet, le rocher de la rive à laquelle ils venaient d'aborder. Plus ils s'élevaient sur cette rampe, plus ils découvraient au loin cette longue chaîne de monticule qui vont rejoindre, en s'abaissant subitement, la ville de Brive, assise dans sa verdoyante prairie.

— Geoffroi, dit le moine, le jour commencera à paraître avant que deux heures se soient écoulées; les routes ne seront peut-être pas sûres pour vous, si vous vous engagez dans les vallées étroites qui séparent Voutezac d'Allassac. Retournez vers le château de Comborn; vous pouvez parfaitement, du lieu où nous sommes, m'indiquer le chemin par lequel je dois arriver chez Guicharde.

— Et que me dirait mon maître, répondit d'un ton bourru le vieux sommelier, s'il savait que je vous ai quitté avant d'avoir atteint le lieu où il m'a chargé de vous conduire?

— Le vicomte de Comborn ne m'a point remis en votre garde, ami Geoffroi; il vous a recommandé seulement de me montrer la route que je dois suivre; ainsi donc, ajouta le moine, le moment est venu de nous séparer.

— J'ai mes ordres et je les exécuterai, murmura entre ses dents le vieux Geoffroi; puis il éperonna son cheval et lui fit prendre une allure plus vive.

Le moine ne chercha point à combattre sa résolution; il le suivit silencieusement. Mais de temps en temps il jetait autour de lui des regards investigateurs, sondant avec attention les moindres anfractuosités des rochers, les plus petits replis du terrain, comme s'il se fût attendu à voir surgir tout à coup quelque apparition, ou comme s'il avait eu à redouter quelque danger. Il arrêta même sa monture en une ou deux occasions, prêtant l'oreille au bruit de la brise du matin qui se faisait déjà sentir.

Après une nouvelle demi-heure de marche, et comme les étoiles pâlissaient dans le ciel :

— Sommes-nous encore éloignés de la demeure de Guicharde? demanda le moine d'une voix brève et impatiente.

— Nous y touchons, répondit Geoffroi; les bois de mon maître, le vicomte de Comborn, se terminent sur le haut de cette montagne dont nous allons atteindre le sommet. Guicharde occupe la maison du garde, que nous pouvons apercevoir d'ici, à côté de cette chapelle qui touche à ces derniers arbres.

— Adieu donc, mon brave compagnon, hâtez-vous de reprendre le chemin de Comborn, si vous voulez arriver à temps pour rejoindre votre maître avant son départ.

Geoffroi se sépara du moine et le suivit encore quelque temps des yeux pour s'assurer qu'il ne se trompait pas et que les indications qu'il avait reçues avaient été bien comprises par lui, puis il reprit le chemin de la forêt, en hâtant le pas de son cheval autant que pouvait le lui permettre la difficulté du chemin. Pendant quelques minutes on entendit le froissement des branches d'arbres et des broussailles qui indiquaient son passage à travers les taillis épais ; peu à peu ce bruit diminua jusqu'à ce qu'enfin il se perdit dans l'éloignement.

Alors le moine, qui avait d'abord ralenti sa marche et qui s'était enfin arrêté derrière un taillis, rabattit son capuchon sur ses épaules, et, prêtant l'oreille au vent, il écouta attentivement les moindres bruits, les plus petits murmures apportés par les brises du matin. Longtemps il parut absorbé par cette occupation, et il ne trahit par aucun mouvement d'impatience son attente inquiète.

Quand sa tête se découvrit aux premières lueurs du jour, débarrassée du vaste capuchon sous lequel elle était restée enfouie pendant toute la nuit, le regard le moins observateur aurait pu reconnaître qu'elle ne pouvait appartenir à un moine, tant elle accusait de passions violentes non comprimées, qui chacune y avaient imprimé leur sillon. La figure du moine avait dû être belle, mais l'âge, les soucis, les fatigues et peut-être aussi les émotions d'une vie pleine d'orages en avaient altéré les traits et changé l'expression. Quelques rares cheveux, fuyant derrière les oreilles, environnaient un large front, plissé comme la surface d'un lac par un jour de tempête; de gros sourcils noirs retombaient sur des yeux noirs également, grands et bien taillés, mais dont l'expression avait quelque chose de hagard et de cruel; une habitude de contraction nerveuse amincissait les lèvres et dessinait, aux deux ailes du nez, deux plis fortement taillés, qu'accusaient des ombres profondes. Cette tête était pâle, mais d'une pâleur mate et brune, d'une pâleur vigoureuse, indice d'une constitution bilieuse et forte. Tout le reste du corps du moine répondait aux indications de sa tête; c'était une charpente ferme et nerveusement constituée; un corps endurci aux fatigues, habitué aux rudes privations. Ce moine ou plutôt cet homme revêtu d'une robe de moine, appartenait à la race des hommes de guerre et non à celle des habitants des monastères; il ne fallait voir son visage qu'un moment pour en être certain; aussi l'avait-il soigneusement caché dans l'ombre de son capuchon pendant tout le temps de sa visite au château de Comborn.

Depuis dix minutes cet homme, affublé en moine, interrogeait du regard tout ce que son regard pouvait saisir à travers les brouillards du matin, il écoutait tous les bruits qui lui arrivaient, comme un cerf poursuivi par une meute qu'excitent de hardis chasseurs, s'il parvient un moment à les mettre en défaut, se plonge au plus profond du bois, et là, inquiet et haletant, il écoute si le vent ne lui apporte pas les aboiements des chiens.

Tout à coup le moine se redressa, et, portant ses deux mains à sa bouche, il fit entendre un sifflement aigu et prolongé, semblable à celui des orfraies, auquel il fut répondu, du bas de la montagne, par un sifflement semblable, dont s'effrayèrent les oiseaux qui commençaient à chanter leur réveil, tant ce sifflement fut bien imité.

Quatre hommes vêtus en paysans et couverts de longs sarraux d'une étoffe de laine brune et grossière, arrivèrent bientôt au buisson qui servait de retraite à leur compagnon; tous quatre se découvrirent quand ils furent en sa présence et attendirent, sans l'interroger, qu'il voulût bien leur adresser la parole.

— Vous avez bien tardé, leur dit-il; vous devez savoir, cependant, que les heures nous sont précieuses, car de tous côtés des troupes sont en marche pour venir nous attaquer à Malemort.

— Nous le savons, répondit un des arrivants; ce qui nous a retardés, c'est la nécessité d'éviter sur la route des détachements d'hommes armés, qui paraissaient s'être mis en campagne pour gagner un commun rendez-vous.

— Alors ne perdons pas une minute, reprit le moine. Écoutez-moi, Gaubert, vous allez emmener avec vous les trois hommes qui vous ont suivi. Vos chevaux sont-ils frais et en bon état?

— Oui, seigneur chevalier, répondit Gaubert.

— Eh bien! rendez-vous chez Gilles, le garde-chasse du chevalier Guy de Lasteyrie ; sa maison est à une lieue d'ici, en laissant la ville d'Allassac, sur la droite, à l'entrée des grands bois ; je la connais parfaitement ; je me la rappelle pour y avoir fait de fréquentes parties de chasse. Tu trouveras Gilles et un jeune homme de seize ans qu'il fait passer pour son fils ; tu remettras au garde cette moité de pièce d'or, qu'il rejoindra à sa première moitié, déposée entre ses mains, et alors tu lui diras que tu es chargé d'emmener Hugues, c'est ainsi que se nomme son prétendu fils. Pas un mot de plus, et conduisez-vous avec prudence.

Le moine remit à Gaubert la moitié de pièce d'or qu'Archambaud de Comborn lui avait donnée, il lui remit aussi la bourse bien garnie qui devait servir à faire dire des messes pour l'âme du malheureux moine enseveli dans la citerne de Comborn.

— Gaubert, ajouta-t-il, cette bourse est pour Gilles; elle est la récompense de sa fidélité à remplir les instructions qu'il avait reçues; donnez-la lui et ne perdez pas une minute, aussitôt que le jeune Hugues vous aura été remis, pour regagner Malemort, où j'arriverai peu de temps après vous. Partez, et si vous étiez rencontré par les troupes de Comborn ou par des détachements du vicomte de Limoges, souvenez-vous que vous êtes des leurs jusqu'au moment où vous pourrez leur échapper. J'ai confiance en vous. Pour rien au monde Hugues ne doit tomber aux mains de nos ennemis. Vous saurez bientôt pourquoi!

Après avoir ainsi donné ces instructions d'une voix ferme, le moine remit son capuchon sur sa tête, et, tandis que Gaubert, suivi de ses compagnons, se dirigeait vers le bois du chevalier de Lasteyrie, il allait frapper à la porte de Guicharde.

CHAPITRE IX.

GUICHARDE.

Le moine souleva deux fois violemment le marteau fixé à la porte du logis de Guicharde ; personne ne répondit d'abord à cet appel ; nul bruit venu de l'intérieur ne put, dans le premier moment, faire supposer à celui qui s'annonçait ainsi en visiteur impatient, qu'aucun être vivant habitât la maison dont il avait réveillé les échos. Mais comme il renouvelait les coups de marteaux avec plus d'impatience, une voix partie du premier étage se fit entendre derrière une sorte de moucharaby¹ pour demander ce que voulait, à une heure aussi matinale, le voyageur qui se tenait devant le logis.

— Est-ce ici la maison qu'habite Guicharde, la fille d'Èble le garde-chasse? dit le moine.

— Que lui voulez-vous? répondit la même voix, dont l'accent dénotait un être du sexe féminin.

— Femme, je suis un des religieux de l'abbaye d'Obazine; le vicomte de Comborn m'a envoyé chercher hier par Jehan, son écuyer,

---

¹ *Moucharaby*. Les portes et les fenêtres, placées à une hauteur où l'escalade était possible, furent défendues de bonne heure par des balcons munis d'un parapet élevé et à jour dans la partie inférieure.

Nous avons donné le nom de *moucharaby* à ces balcons, qui paraissent empruntés à l'Orient.

(*Collection des monuments inédits sur l'histoire de France.*)

(*Instructions du comité historique des arts et monuments.* Architecture militaire.)

et j'ai voyagé toute la nuit pour vous porter un message de la part du noble Archambaud.

Après ces mots il y eut un moment de silence pendant la durée duquel la femme placée derrière le moucharaby examina à loisir le messager du vicomte de Comborn, et comme cette observation lui fut probablement favorable, la même voix qu'il avait entendue descendit encore vers lui pour lui dire que la porte allait être ouverte.

Le logis de Guicharde n'était ni une chaumière, ni même une habitation ordinaire pour un cultivateur ou un garde-chasse. Il se composait d'un pavillon carré appuyé contre une grosse tour qui lui servait de défense. Aucune fenêtre n'existait au rez-de-chaussée; d'étroites ouvertures régnaient seules au premier étage et semblaient plutôt des meurtrières destinées au jet de la flèche ou du carreau de l'arbalète que des percées faites pour laisser passer la lumière du ciel. Ce logis avait dû probablement servir de corps-de-garde avancé ou même de fortin dans les anciennes guerres des barons du Limousin ; sa structure était solide ; le granit des rochers voisins n'y avait point été épargné, et l'épaisseur de ses murailles garantissait, de la part de défenseurs courageux, une longue résistance.

La porte présentait autant de solidité que les murailles ; elle était composée de planches de chêne de plus de trois pouces d'épaisseur, et parsemée entièrement de gros clous à têtes pointues, qui ajoutaient à la force de résistance du chêne, une nouvelle force de résistance. La femme qui vint ouvrir cette porte se montra bientôt plus proprement vêtue que les femmes de paysans ne l'étaient à cette époque reculée ; une sorte de luxe régnait même dans l'arrangement de ses vêtements ; sa robe longue et à manches serrées, faite d'une étoffe de drap de couleur brune, dessinait sa taille souple et élancée. A sa ceinture, qu'attachait une agraffe d'argent ouvragée, pendait, à côté d'une aumônière de drap brodée, un trousseau de clefs. Sur sa tête une coiffe de toile unie retenait une foret de cheveux noirs nettement lissés qui indiquaient des soins de propreté et de coquetterie non-seulement fort rares alors dans ce pays, mais presque inconnus aujourd'hui, où la civilisation et le bien-être matériel sont réputés, au dire de nos philanthropes, avoir fait de grands progrès dans toute la France.

Cette femme avait passé les années de la première jeunesse, mais elle était encore fort belle, et la distinction orientale de sa figure suppléait à ce que le temps pouvait lui avoir ravi de charmes. La largeur et l'élévation de son front, la courbe aquiline de son nez, la limpidité et la profondeur du regard que lançait son œil noir, voilé de longs cils de la même couleur, dénotaient en elle une résolution et une fermeté peut-être trop masculines. Ses mains et ses pieds étaient remarquables de petitesse et d'élégance; il devenait évident, en les examinant, que jamais le travail ou la fatigue n'y avaient imprimé leur atteinte.

Le moine tressaillit à sa vue, mais il se remit presqu'aussitôt de son émotion, et se hâtant d'attacher son cheval à un gros anneau de fer scellé dans la muraille :

— Femme, lui dit-il, le vicomte Archambaud de Comborn m'a chargé près de toi d'une mission qui ne souffre aucun retardement.

— Quelle est la preuve de votre mission? demanda Guicharde, car c'était elle-même qui, pleine de défiance à cause du temps de troubles au milieu duquel elle vivait, n'avait fait qu'entre-bâiller la porte de sa tour, se tenant préparée à la fermer, si la prudence le lui eût conseillé.

— La preuve! reprit le moine.... Après un moment de réflexion il ajouta presque à voix basse : Tu dois connaître Gilles, le garde du chevalier de Lasteyrie et son fils adoptif, le jeune Hugues?

— Entrez! entrez! s'écria Guicharde; vous êtes réellement envoyé par Archambaud de Comborn, car vous seul, avec lui et moi connaissez le secret que cachent ces noms indifférents pour tous. Entrez, moine, et soyez le bien venu, si le message que vous m'apportez est fait pour réjouir mon cœur. Mais hélas ! dans ces temps malheureux, qui pourrait réjouir le cœur d'aucun des habitants de ce triste pays ?

Le moine entra dans un long et étroit corridor qui aboutissait à une salle voûtée où Guicharde le suivit après avoir fermé la porte solidement, en l'assurant non-seulement avec les verrous, mais encore au moyen d'une forte barre de fer placée de façon à rendre inutiles les tentatives de tout assaillant.

« De quel message Archambaud vous a-t-il chargé pour moi ? demanda-t-elle aussitôt qu'elle fut certaine de n'être point interrompue dans sa conversation avec le moine.

— Sommes-nous seuls ? répondit celui-ci ; personne ne peut-il surprendre d'une oreille indiscrète les paroles que je prononcerai ?

— Je suis seule en cette tour, moine ; vous pouvez parler. »

Le moine rejeta alors sur ses épaules le vaste capuchon qui lui couvrait la tête, et se plaçant près d'une étroite ouverture pratiquée sur une cour intérieure, d'où la lumière arrivait jusqu'à lui, il dit d'une voix grave et creuse :

« Me reconnaissez-vous, Guicharde? »

Guicharde s'avança précipitamment vers le messager du vicomte de Comborn, saisit son bras pour l'attirer encore plus près de la fenêtre, et quand elle put examiner le moine aux clartés douteuses du jour qui commençait à croître, elle fixa sur lui un regard perçant et interrogateur qui ne fut pas d'abord sans trouble; mais après un examen attentif, elle laissa retomber le bras qu'elle avait saisi, puis elle répondit froidement :

« Non, moine, je ne vous connais pas !

— Il devait en être ainsi, reprit le moine; chassé de la mémoire comme je fus chassé du cœur ! Femme !... femme !... vous avez été créée pour la damnation éternelle de l'homme !.. Depuis le jour où nous nous sommes vus pour la dernière fois, mes traits ont perdu l'éclat de la jeunesse; mon front s'est dépouillé de cheveux; je me suis fait vieux en peu d'années!... mais le son de ma voix, le son de ma voix que tu aimais à entendre, Guicharde, tu ne te le rappelles plus?... »

Guicharde fouilla dans son souvenir par un effort désespéré, comme si elle eût cherché à renouer les fils d'une trame rompue; mais ses efforts furent vains; sa mémoire demeura fermée et elle répondit avec une sorte d'impatience :

« Votre voix, pas plus que vos traits, ne me rappelle rien.... rien.... je ne vous trouve nulle part dans mon souvenir!... Si vous avez pour moi un message d'Archambaud de Comborn, parlez, parlez à l'instant, afin que je sache ce qu'il désire; mais n'interrogez pas mes souvenirs; vous n'y avez pas laissé de traces.

— Asseyez-vous, Guicharde, dit le moine, asseyez-vous; nous avons à causer longuement ensemble. » Et il lui indiqua un siége qu'il venait de placer en face d'un escabeau sur lequel il s'assit lui-même.

Son sang-froid et son assurance étonnèrent Guicharde; elle commença à douter que le vicomte de Comborn l'eût véritablement chargé d'un message pour elle; alors avec l'impétuosité qu'elle tenait de l'ardeur de son sang et de la race à laquelle elle appartenait :

« Moine, dit-elle d'une voix ferme, Archambaud ne vous a point chargé d'un message pour moi; ce n'est pas lui qui vous a envoyé vers ma demeure.

— Asseyez-vous, Guicharde, reprit le moine, asseyez-vous; je vous l'ai déjà dit, j'ai longuement à causer avec vous et les heures me sont précieuses. » En prononçant ces mots il enleva presque Guicharde d'une seule main et la porta pour ainsi dire, sans effort, sans secousse, vers le siége qu'il lui avait désigné. Cette femme conçut un premier sentiment de crainte à l'aspect du calme glacial de ce moine, à l'épreuve de sa force, contre laquelle toute résistance eût été inutile. Une fois encore elle fouilla avidement sa mémoire pour y retrouver la figure du moine, mais ce nouvel effort fut vain.

« Vous ne vous rappelez ni mes traits, ni ma voix, rien en vous ne vous avertit, rien ne t'annonce, Guicharde, que tu te trouves en face d'un homme que tu as fait ton ennemi, et ton ennemi implacable.

— Voulez-vous me faire peur? s'écria Guicharde en se levant par un mouvement subit; vous me connaissez mal, vous êtes plus fort que moi; vous pouvez me tuer, mais vous ne m'épouvanterez pas par de vaines paroles. Comment vous ai-je fait mon ennemi, vous que je n'ai jamais vu, vous dont ma mémoire n'a gardé aucun souvenir?

—Silence, Guicharde, silence, dit le moine. Quand j'aurai fini de parler tu pourras répondre; jusque-là, tais-toi. Je ne suis pas venu pour te tuer. A quoi me servirait ta mort.... J'ai eu cette nuit entre mes mains la vie du vicomte de Comborn, que je hais comme je te hais, et je n'en ai pas voulu. Il me faut une vengeance plus longue; je ne te ferai aucun mal; sois donc en paix!

Si tu ne te souviens ni de mes traits, ni du son de ma voix, mon nom peut-être réveillera tes souvenirs. Il y a bien longtemps, avant que ton père Èble fût tué par les braconniers; quand tu allais pure parmi les vierges puiser, le soir, de l'eau à la source qui descend de la montagne, tu rencontras un jeune écuyer du vicomte de Comborn; tu l'écoutas, tu vins aux rendez-vous qu'il te donna et tu finis par l'aimer d'amour!...

— Qui vous a dit cela, moine?... parlez, parlez, qui vous a raconté ces choses dont je croyais la connaissance ensevelie avec celui qui a été tué il y a déjà bien des années? Parlez, moine, je veux tout savoir!... Et Guicharde éprouva une sorte de tressaillement qui ne tenait pas précisément de la terreur, mais d'une émotion dont elle ne pouvait encore analyser la cause.

— Personne ne me l'a dit, Guicharde; personne ne m'a révélé ton amour et celui de Guillaume; personne ne m'a dit qu'un soir, sous les vieux chênes du bois de Comborn, tu laissas ta main tomber dans la main du jeune écuyer; tu laissas ton front se pencher sur son épaule ; personne ne m'a dit que tes lèvres s'unirent aux siennes ; personne ne m'a dit que dans ce long baiser d'amour, tu murmuras à son oreille : Guillaume !... mon bien-aimé Guillaume ! je t'aime !...

— Si personne ne te l'a dit, qui donc es-tu, moine, pour le savoir ?... Guillaume est mort !... Le père du mal, Satan lui seul, peut connaître le secret que la mort et moi nous avons fidèlement gardé !... »

Et Guicharde, pâle et les yeux fixes et égarés, s'éloigna soudainement du moine, en reculant le siége sur lequel elle était assise ; puis elle porta son regard vers ses pieds et vers sa tête.

« Regarde-moi, Guicharde, regarde-moi; je ne suis pas Satan, le premier tentateur de la femme; examine bien mon front, il ne porte pas la trace de la foudre; examine mes pieds, ils ne sont pas fourchus!.... La mort n'a pas enseveli le secret des amours de Guillaume; la terre ne l'a point recouvert pour l'éternité, car Guillaume n'est pas mort, et c'est lui qui est devant toi !....

— Guillaume!... s'écria Guicharde, Guillaume, répéta-t-elle !... Mais non, cela est impossible!... tu me trompes, moine; tu veux me tromper, je ne sais dans quel but; Archambaud a vu tomber à ses côtés l'écuyer Guillaume, mortellement atteint d'un coup de lance.

— Archambaud a vu tomber Guillaume, cela est vrai, mais non mortellement atteint!... Je ne te trompe pas, Guicharde, je suis bien ce Guillaume que tu croyais mort et qui n'était que blessé; je suis ce Guillaume que tu aimais et qui t'aimait, lui, comme un insensé; je suis ce Guillaume que tu as indignement trahi!....

— Une preuve !.... une seule preuve de ce que tu avances..... Que s'est-il passé un soir entre Guillaume et moi, un soir, entendez-vous, moine, la veille d'un jour de Noël?...

— Je ne l'ai point oublié, reprit le moine, quoique bien des années se soient écoulées depuis cette nuit. Tu vins m'ouvrir la porte de la maison de ta mère; nous passâmes tous deux devant le lit dans lequel elle dormait; un moment tu crus qu'elle s'éveillait, et nous nous arrêtâmes, respirant à peine..... Est-ce cela, Guicharde?... Ai-je bonne mémoire?... Faut-il continuer? faut-il dire toute cette longue nuit passée à te tenir dans mes bras, à entendre tes protestations d'amour?.... Tu me nommais alors ton bien-aimé; tu me disais alors que rien au monde ne nous séparerait jamais...... Puis le jour vint; ta mère s'éveilla avant que nous nous fussions aperçus des premières lueurs du matin; je descendis par la fenêtre et je regagnai le château de Comborn. Ai-je oublié un seul fait de ceux qui me firent cette nuit la plus heureuse de mon existence?... Qui m'a donné cette bague où sont gravés quelques caractères arabes? qui la mit à mon doigt? qui?.... répondez à votre tour.... réponds, Guicharde, si ta mémoire, comme ton cœur, n'a pas tout oublié ! »

Et le moine, ou plutôt Guillaume, car c'était bien lui en effet, retira de son doigt la bague que Guicharde lui avait donnée.

« C'est lui!... dit sourdement Guicharde. » Et tous deux se regardèrent en silence pendant un assez long espace de temps.

Enfin Guillaume le premier reprit la parole :

« Oui, c'est moi; moi, ton ancien amant; moi que tu avais juré, à la face du ciel, d'avoir pour seul amant; moi que tu as trompé pour te donner au vicomte Archambaud. Tu croyais l'impunité acquise à ton parjure, tu te réjouissais de ma mort; mais j'ai voulu te maudire!... je suis venu pour te maudire, quand ma colère et ma juste vengeance peuvent s'étendre sur toi! j'ai le droit de te maudire et de te punir; car tu m'avais aimé librement; car ce fut par une belle nuit, sous le feu scintillant des étoiles, que tu me donnas ton cœur. »

Guicharde, interdite d'abord par la présence

de son ancien amant, reprit peu à peu toute sa hardiesse en écoutant ses récriminations. Elle releva sa tête pâle de fierté et d'émotion, et ses yeux lancèrent des éclairs de courroux.

« Oui, tu es Guillaume; je te reconnais enfin, quoique tu sois bien changé; mais que me veux-tu ? pourquoi es-tu revenu vers moi ? J'ai cru t'aimer, et ton amour un jour a disparu de mon cœur comme les feuilles de nos bois disparaissent quand arrive le vent d'automne. Tu étais le premier qui m'eût parlé d'amour !... et j'ai cru t'aimer... Je te l'ai juré avec des pleurs... je te l'ai juré dans tes bras, tout cela est vrai... Lorsque j'ai mieux connu mon cœur, Guillaume, j'ai compris que je ne pouvais pas t'aimer... que je ne t'aimais pas !

— Par les os de saint Étienne, s'écria Guillaume, est-ce ainsi que tu excuses ta perfidie ?... Tu as compris que tu ne m'aimais pas !... Pourquoi, alors, ne me l'as-tu pas dit ? pourquoi, pendant de longues journées, m'avoir laissé croire à la continuation de ton amour ?

— Je l'ignore... Je ne t'aimais pas, parce que tu étais trop calme pour moi; tu rêvais une existence paisible, sans bruit, monotone, un bonheur qui me paraissait mortel. Je ne suis point une fille de vos froides montagnes; tu sais que mon père était de la race de ces Maures qui se firent chrétiens, et prirent le Limousin pour patrie, après la victoire de votre Karl-Martel. Mes ancêtres ont bien pu renoncer à leur religion et à leur pays; mais ils n'ont pu changer le sang qui coulait dans leurs veines, et ce sang arabe ils me l'ont transmis. Quand tu me parlais de vivre avec moi dans une pauvre maison, au milieu des brouillards de la Vezère, loin des combats, loin du bruit, loin du château de Comborn, j'aspirais à me mêler au tumulte de la vie des chevaliers, à les suivre dans les batailles; j'aimais le luxe et les plaisirs, à défaut du soleil d'Orient. Archambaud de Comborn me vit; il me dit qu'il m'aimait; il me parla de tout ce qui, dans mes nuits inquiètes, passait dans mes songes; c'était un homme comme je les comprenais, hardi dans ses entreprises, implacable dans ses vengeances, ne connaissant pas de barrière assez puissante pour résister à ses passions ; je l'ai aimé, et il a eu tout l'amour de mon cœur. Il me donna pour cadeau de fiançailles les cadavres des assassins de mon père !... Je l'ai aimé, et lui seul pouvait avoir l'amour de mon cœur. Qu'étais-tu, toi, faible roseau, pour résister à la tempête d'une passion semblable à celle que l'amour d'Archambaud fit naître dans mon âme ?...

— L'amour d'Archambaud ? répéta Guillaume avec un rire sardonique.

— Oui, l'amour d'Archambaud ; quelque étrange que cela puisse te paraître, Archambaud m'a aimé d'amour. Je l'ai suivi, comme une lionne suit le lion, dans les batailles, dans les dangers ; notre amour a été comme celui de ces nobles animaux ; il a eu ses jours d'orages terribles. Quelquefois il m'a frappé dans un mouvement de colère. Regarde, regarde, Guillaume, il m'a frappé là ; vois-tu cette cicatrice, elle fut faite avec la pointe de sa dague!... Eh bien! je l'ai encore mieux aimé après cette blessure!

— Et tu viens me dire cela à moi, Guicharde, à moi qui, pendant seize ans, ai couvé ma vengeance! à moi qui en suis assez altéré, sans apprendre à quel point tu m'as oublié, ou plutôt lâchement trahi!

— Ta vengeance, Guillaume! et quelle vengeance veux-tu tirer de moi? Crois-tu m'épouvanter et me voir à tes pieds, suppliante et les yeux baignés de larmes venir te demander le pardon et l'oubli de ce que tu me reproches? tu me connais mal, si tu as pu l'espérer.

— Je connais ton orgueil implacable, et je sais bien que tu n'as pas peur de la mort; aussi ne suis-je pas venu pour te tuer; la mort ne me vengerait pas; je veux vous faire souffrir, toi et ton amant, comme vous m'avez fait souffrir. Tu ne sais pas les maux que j'ai endurés; tu ignores à quoi s'est usée mon existence depuis le combat qui me laissa sanglant sur la poussière. Je ne revins à la vie qu'après de longs jours de maladie. Des paysans qui dépouillaient les corps m'avaient emporté dans leur cabane. Apercevant encore quelques restes de chaleur en moi, ils daignèrent me guérir, et quand je pus marcher, je repris lentement le chemin de Comborn. Un berger que je rencontrai m'apprit ce qui n'était plus un secret pour personne, ce qui faisait ta honte et mon désespoir!... Tu étais la maîtresse du vicomte Archambaud!... Je partis comme un fou; j'errai pendant près d'un mois dans les montagnes, sans savoir où j'allais. Enfin un soir je me trouvai aux portes d'une abbaye, près de Montignac; j'y demandai l'hospitalité pour une nuit, et croyant y trouver le repos et l'oubli, j'y suis resté cinq ans... On me reçut parmi les moines!...

— Et qui vous en a fait sortir? demanda Guicharde avec émotion.

— Le désir de me venger qui me poursuivait au pied des autels, qui me harcelait dans mes heures de retraite ou de réflexion; qui, la nuit, me réveillait en sursaut pour te présenter à mes yeux dans les bras d'Archambaud; le désir de me venger qui grandissait chaque jour en mon âme. Si je voulais lire les livres saints, le mot de vengeance s'offrait toujours à mon regard; j'y voyais que le Seigneur était le Dieu fort, le Dieu de vengeance. Je serais devenu fou si j'étais resté un an de plus dans mon couvent. J'en suis sorti; j'ai rompu mon vœu; j'ai renoncé à ma part de paradis; j'ai dit adieu à toutes mes espérances de chrétien, comme j'avais renoncé à toutes mes espérances de félicité terrestre le jour où j'avais appris ton infidélité. Ainsi, Guicharde, tu as tour à tour dépeuplé pour moi la terre et le ciel; ainsi tu as détruit dans mon âme toutes les émotions douces et bonnes, tous les sentiments de notre nature pour n'y laisser subsister qu'un seul sentiment, qu'une seule passion, qu'un seul désir, celui de la vengeance!... Lorsque j'ai fui les cloîtres de mon couvent, j'ai juré une haine implacable, non-seulement à toi et au vicomte Archambaud, mais aussi à mon pays et à toute créature humaine, parce que j'étais obligé de me mettre en dehors de la loi commune pour accomplir ma vengeance, parce que tu avais fait de moi un apostat. J'ai tenu ma promesse, misérable fille des Maures !.. je l'ai tenue d'une manière sanglante; je suis devenu la terreur des lieux où je me suis montré; j'ai dévasté les champs, j'ai brûlé les bois, les châteaux et les villages qui se sont trouvés sur ma route; j'ai massacré les prêtres et les moines qui sont tombés entre mes mains. Avant d'arriver jusqu'à toi, j'ai voulu me rendre tellement implacable, qu'en me voyant chacun pût comprendre qu'il n'y a plus ni miséricorde, ni pardon à espérer!

— Qui donc êtes-vous, Guillaume? s'écria Guicharde.

— Ne l'as-tu pas deviné?... N'as-tu pas entendu prononcer mon nom dans les malédictions des habitants de ce pays? N'as-tu jamais ouï retentir le nom de Leclerc, du chef de ces vingt compagnies de Brabançons qui tiennent en leur pouvoir les châteaux de Malemort et d'Issandon ? Nè sais-tu rien des maux qu'ils ont causés au Limousin ?...

— Vous !... vous, Guillaume ! vous seriez ce Leclerc que toutes les bouches maudissent... contre lequel s'élèvent toutes les voix des prêtres ?...

— Oui, Guicharde, reprit Guillaume; on m'a surnommé Leclerc, parce que j'ai été moine; on a d'abord affecté de mépriser le misérable aventurier, le renégat maudit; mais lorsqu'on a vu qu'il savait prendre les châteaux forts des nobles barons et que sa lance ne craignait pas de se mesurer avec les leurs, on l'a redouté, on lui a prodigué le respect de la crainte; je ne suis plus ce pauvre écuyer qu'il était permis jadis de tromper et de fouler aux pieds; à cette heure, je suis le chef puissant de vingt compagnies de gens de guerre qui m'obéissent comme à un roi. La vengeance du misérable écuyer Guillaume et du plus misérable moine qui lui avait succédé est aujourd'hui confiée au vaillant, au redouté Leclerc, à l'homme qui a la force et le pouvoir de l'accomplir et qui a rompu avec le ciel et avec la terre. »

Guicharde, en écoutant cette révélation, se sentit pâlir; ses joues devinrent plus blanches que la neige suspendue au sommet des montagnes, mais ses yeux ne perdirent rien de leur expression fière et intrépide.

« Je ne vous connaissais pas, Guillaume, je ne vous ai jamais connu, vous qui avez été capable de tant de crimes et de tant d'audace pour atteindre votre but; oui, vous avez la force et le pouvoir entre vos mains; vous pouvez vous venger en me tuant, Guillaume; vous pouvez m'assassiner lâchement, mais me faire trembler ou me faire repentir de ce que j'ai fait, vous l'espéreriez vainement.

— Je ne vous tuerai pas, je vous l'ai déjà dit; je ne te tuerai pas, Guicharde; je n'ai pas passé seize années à souffrir pour me venger pendant cinq minutes... non, non... J'ai vu Archambaud cette nuit, et lui-même m'a fourni le moyen de me venger...

— Quel moyen?... Que vous a-t-il dit? demanda Guicharde en se rapprochant de Guillaume.

— Je suis arrivé jusqu'à lui en prenant la défroque d'un misérable moine d'Obazine qu'il avait envoyé chercher et que mes soldats ont arrêté. Pendant deux heures, seul avec lui, j'ai pu cent fois le frapper!... le tuer!... je ne l'ai point fait, ma main ne doit répandre ni son sang, ni le tien. Pendant deux heures, Guicharde, il m'a fait lire dans son âme; il m'a raconté ses crimes et vos amours. J'ai tout écouté sans laisser paraître les sentiments de mon cœur; j'ai supprimé ma haine, ma colère, je n'ai plus été qu'un stupide moine, une moitié d'homme auquel on peut tout dire parce qu'il a tout abdiqué.

— Archambaud se serait confessé! s'écria Guicharde.

— Non, non, il ne s'est point confessé; Archambaud ne m'a pas demandé l'absolution de ses fautes, de ses crimes; il me les a racontés pour ajouter à la terreur dont il a cru mon âme saisie en sa présence. Archambaud m'a fait conduire à ta demeure ; Archambaud m'a nommé le gardien de ton fils Hugues.

— Eh bien!... après.... après.... parle, Guillaume, parle... dit Guicharde en sentant peu à peu son cœur s'emplir de crainte.

— Je n'ai plus rien à dire ; mais toi qui ne devais pas trembler, il me semble que la terreur te domine; tes paroles sortent avec peine de ton gosier; une sueur froide coule de ton front. Parce qu'Archambaud m'a appris le secret de ta retraite, parce qu'Archambaud m'a nommé le garde qui prend soin du jeune Hugues, tout ton courage t'abandonne?

— Guillaume, répondit Guicharde en surmontant le tremblement qui l'agitait, je ne le cacherai pas; oui, j'ai peur pour mon fils; oui, tu me fais trembler, quand ton poignard, levé sur mon sein, ne m'arracherait ni un cri ni une prière. Parlons sans détour, allons franchement au but; nous sommes ennemis, agissons en loyaux ennemis; que veux-tu?... quelle vengeance demandes-tu?... Il n'est point noble de torturer une femme, une mère, en lui faisant craindre pour son enfant quelque danger qu'elle ne saurait prévenir.

— As-tu été pour moi une loyale ennemie ? m'as-tu loyalement aimé aux jours de notre amour ? Non, Guicharde ; tu m'as lâchement trahi ; tu m'as livré à des années de torture ; tu m'as fait ce que je suis aujourd'hui, un homme de fer, que rien n'émeut plus, que rien ne touche plus.

— Tu veux te venger sur mon fils !... Que t'a-t-il fait ?... il est en dehors de ta haine !...

— Guicharde, le temps me presse ; j'ai peut-être demain de nobles hôtes à recevoir : Adémar, le puissant vicomte de Limoges, daigne sortir de sa ville pour venir me trouver à mon château de Malemort ; Archambaud de Comborn se met ce matin en voyage avec ses hommes d'armes pour le rejoindre, et l'on assure qu'Olivier de Lastour et Eschivat de Chabannais les accompagnent ; c'est bien de l'honneur pour un pauvre routier comme moi de recevoir si noble compagnie, aussi vais-je faire tout ce qu'il dépendra de moi pour les bien traiter.

— Un mot!... un seul mot, Guillaume, avant de nous quitter... un mot qui me rassure... Hugues, mon enfant! réponds-moi!... que t'a dit Archambaud?... que veux-tu?... ô réponds-moi...

— Va trouver Archambaud, Guicharde; il doit se mettre en route de bonne heure ce matin; tu peux même l'attendre entre Voutezac et Allassac, car probablement il viendra rallier les hommes d'armes de ces deux villes.

— Guillaume! un seul mot... et j'avouerai que j'ai été coupable envers toi.

— Va trouver Archambaud, reprit le chef des Brabançons; tu lui diras que le moine qui a passé deux heures, seul avec lui, sous le manteau de sa cheminée, est Guillaume Leclerc, son ancien écuyer, chef actuel des Brabançons qu'il combattra dans quelques jours.

— Que me font Archambaud, les Brabançous et les guerres de tous ces hommes, s'écria Guicharde dont la terreur s'augmentait à chaque moment en présence de l'impassibilité de Guillaume. Dis-moi que tu ne veux pas te venger sur mon fils... dis-moi seulement cela.

— Tu annonceras au noble Archambaud que Guillaume Leclerc fera dire des messes pour le repos de l'âme du moine qui gît enterré dans la citerne de Comborn.

— Guillaume !... j'ai été coupable envers toi !... je suis une misérable créature... mais épargne mon fils !... »

Le Brabançon s'était levé et se dirigeait d'un pas lent, mais ferme, vers la porte de la demeure de Guicharde ; un sourire dédaigneux et cruel errait sur ses lèvres ; ses yeux n'indiquaient aucune émotion. Déjà il portait sa main sur la serrure dans laquelle la clef avait été laissée, lorsque Guicharde s'élança entre lui et cette porte et murmura d'une voix déchirée :

« Avant de franchir le seuil de ma maison, tu me diras comment tu comptes te venger sur mon fils?... Tu oseras dire à une mère que tu veux la torturer dans son unique enfant!... parle... je puis tout entendre!... Et après tu partiras en me laissant le désespoir dans le cœur... »

Guillaume croisa ses bras sur sa poitrine, et d'une voix basse et contractée, il lui répondit :

« Tu as préféré le puissant Archambaud de Comborn au pauvre écuyer Guillaume; Archambaud est le père de ton enfant, va le trouver et dis-lui de te défendre, de le défendre aussi. Pourquoi m'implores-tu? pourquoi ces terreurs? pourquoi ces supplications? pourquoi chercher à m'attendrir en invoquant ta qualité de mère? Je te hais comme maîtresse d'Archambaud; je te hais comme mère de Hugues; tout est éteint dans mon cœur, il n'y a plus de place pour la pitié. Laisse-moi le passage libre; tu ne sauras rien; je suis venu vers toi pour te faire payer tous les tourments que tu m'as infligés, pour te punir de la vie que tu m'as faite.... La terreur commence à s'élever dans ton âme, c'est tout ce que je voulais.

— Eh bien! cria Guicharde en s'élançant vers lui par un mouvement subit, meurs donc, chien altéré de sang, » et elle le frappa d'un poignard qu'elle avait tiré de sa ceinture. Le coup était bien appliqué, mais il glissa, après avoir traversé la robe de moine dont le Brabançon était revêtu, en rencontrant la cotte de mailles qui couvrait sa poitrine.

Guillaume ne parut nullement ébranlé par cette brusque attaque; il se contenta d'éloigner Guicharde avec une force irrésistible, et la fit se rasseoir sur l'escabeau qu'elle venait de quitter. Il se plaça ensuite devant elle avec le même calme qu'il avait montré jusque-là.

« Je t'avais prévenue, lui dit-il, que je suis un homme de fer, aussi bien au moral qu'au physique. Croyais-tu donc, faible et perfide créature, que je me serais aventuré dans l'antre de la lionne et du lion, sans me munir d'armes défensives ? Je vous connais l'un et l'autre; et j'ai tout prévu. Je suis invulnérable à tes prières comme à tes coups de poignard ; va trouver Archambaud, Mauresque maudite, raconte-lui que tu m'as vu et que tu as tenté de m'assassiner ; fais-lui connaître qu'il a tenu pendant deux heures sous son toit son plus mortel ennemi, le chef des Brabançons qui l'attendent à Malemort ; dis-lui cela ; enfonce-lui bien avant, dans la poitrine, le regret de ne m'avoir pas deviné et de ne s'être point emparé de ma personne. Dis-lui aussi que Guillaume Leclerc le défie, et qu'un jour viendra où il ira raser, jusqu'au niveau du sol, ses orgueilleuses tours. »

Guicharde ne l'entendait plus, tout son courage s'était évanoui ; elle demeurait sans force et sans pensées sur le siége où Guillaume l'avait placée ; quelquefois seulement ses sourcils se contractaient par un mouvement nerveux, produit par la douleur qui la rendait presque folle.

Guicharde si fière, si intrépide, était brisée;

un égarement fiévreux s'était emparé d'elle au moment où elle avait vu ses prières méprisées et sa colère sans pouvoir ; le sang avait reflué vers sa tête, puis il était revenu au cœur, et sa poitrine, traversée par une douleur aiguë, pareille à celle que produirait la pointe d'une flèche, se soulevait par mouvements inégaux, et laissait échapper des sanglots dont rien ne saurait exprimer l'amertume. Il fallait avoir horriblement souffert et s'être bronzé contre toute pitié pour supporter le spectacle de cette douleur.

Mais il existe des âmes tellement meurtries par toute sorte de tortures, tellement ravagées par la tempête des passions violentes, qu'il n'y reste plus aucun sentiment humain ; ce qu'elles ont souffert les rend insensibles aux douleurs des autres, les leur fait même contempler avec une joie barbare, comme une expiation de leur misère.

Guillaume Leclerc, ainsi qu'il l'avait dit à Guicharde, ne vivait plus depuis longtemps que pour la réalisation d'une seule idée, pour l'accomplissement d'un seul désir, il voulait se venger. Le reste du monde, en dehors de sa vengeance, lui importait peu. Il avait rompu, comme moine apostat, avec ses espérances de chrétien, il avait rompu, comme routier, avec son pays, avec l'avenir qu'il avait rêvé dans sa jeunesse, alors que, plein de foi en l'amour de Guicharde, son cœur s'ouvrait à tous les sentiments nobles et chevaleresques.

« Adieu, Guicharde, dit-il en ouvrant la porte; nous nous reverrons encore. »

La malheureuse femme, en voyant s'éloigner son implacable ennemi, qu'elle n'a pu fléchir, se dressa sur ses jambes, immobile et pâle comme une statue de marbre; elle essaya de parler, ses lèvres remuèrent seules, ses yeux ne versèrent pas une larme, mais ils s'injectèrent de sang et leur prunelle demeura fixe et concentrée. Au moment où Guillaume Leclerc allait disparaître dans le corridor, il se retourna encore une fois : alors Guicharde, qui ne pouvait ni marcher ni parler, tomba à genoux, en étendant vers lui ses bras que la douleur tordait, comme le feu tord le verre, et un cri rauque, sans aucun nom dans la langue humaine, sortit de sa poitrine et siffla en passant sur ses lèvres plus pâles encore que son front.

— Guicharde, dit Guillaume Leclerc avec un rire de démon, tu annonceras au puissant vicomte de Comborn qu'il a chez lui une place d'écuyer vacante; mes gens se sont amusés à pendre son écuyer Jehan aux tours de Malemort.

Guicharde se releva et marcha vers lui sans se rendre compte de ses mouvements; elle allait, attirée par une attraction puissante; il y avait encore en elle une sorte d'instinct d'espérance qui lui défendait de se livrer à toutes ses terreurs tant que son ancien amant serait en sa présence. Il l'avait aimée jusqu'à l'adoration; il était impossible qu'il fût devenu totalement insensible à ses prières, à ses douleurs.

Guillaume Leclerc ouvrit la seconde porte, celle qui fermait l'entrée de la tour et qui donnait sur les champs; son cheval était attaché au gros anneau de fer scellé dans la muraille et fixé près de la porte même; il prit la bride et la repassa sur le cou de l'animal impatient, puis, posant son pied sur l'étrier, il fixa Guicharde d'un dernier et cruel regard.

Lorsque cette mère, sans peur pour elle-même, mais tremblante pour son fils, aperçut Guillaume Leclerc en selle, une partie de sa force et de son énergie lui revint; d'un seul bond elle franchit les quelques marches de pierre qui descendaient de la porte de sa tour sur la pelouse de bruyères qui l'entourait, et elle fit un mouvement comme pour se saisir de la bride du cheval de Guillaume.

Le Brabançon était habile cavalier; il força sa vigoureuse monture à plier sur ses jarrets, et, lui faisant en même temps sentir l'éperon, il la lança à dix pieds de Guicharde, et l'arrêta ensuite, comme si la foudre fût venue la frapper au milieu de sa course.

« Guicharde, cria-t-il, va trouver ton amant, le vicomte de Comborn, et dis-lui que le moine a remis au garde-chasse du chevalier de Lasteyrie la moitié de la pièce d'or qui devait lui livrer Hugues!... Dis-lui que le chef des routiers lui représentera cet enfant sur la prairie de Malemort!... »

A peine ces paroles étaient-elles parvenues à l'oreille de Guicharde, que le cheval de Guillaume partit, de toute la vitesse de son allure, à travers les buissons et les bruyères qui encombraient le terrain, faisant voler la poussière et les cailloux sous le fer de son sabot.

Guicharde bondit de douleur, et, se baissant jusqu'à terre, elle saisit avec ses mains crispées une poignée d'herbes et de terre, et, la lançant avec force contre le cavalier qui s'enfuyait sans tourner la tête :

« Sois maudit, lui dit-elle, dans le présent comme dans l'éternité!... sois maudit, toi qui n'as pas eu de pitié pour une mère au désespoir... Sois maudit, et puissent bientôt les corbeaux se repaître de ton cadavre, privé de sépulture. »

CHAPITRE X.

UNE JOURNÉE D'ANGOISSES.

Aussi longtemps qu'elle put apercevoir le chef des rourtiers fuyant de toute la vitesse de son cheval, à travers les buissons et les genêts répandus sur la plaine et sur le versant des collines, Guicharde, accroupie sur la terre, domina les craintes et les angoisses de son cœur maternel, et ses yeux ne versèrent pas de larmes, sa bouche ne fit pas entendre une plainte. Mais lorsque les nombreuses sinuosités du terrain eurent enfin dérobé à ses regards son ancien amant, elle se leva, et, poussant un cri prolongé, elle se précipita vers sa demeure, la parcourut en quelques secondes, sans avoir le sentiment de ses actions, et ressortit presque aussitôt d'un pas précipité, haletante et les yeux enflammés d'une ardeur fébrile. Dans sa précipitation, Guicharde ne songea même point à fermer la porte de sa maison; puis, comme un être privé de raison, elle s'élança vers les hauteurs d'Allassac, que le soleil éclairait déjà dans le lointain de l'horizon.

Ses plaintes et ses gémissements, mêlés à d'étranges imprécations, attirèrent sur son passage quelques paysans armés, qui par les sentiers des montagnes se rendaient au rendez-vous assigné par le vicomte de Comborn à ses nombreux vassaux. Pendant plus d'une heure que la force de sa douleur, jointe à la sauvage énergie dont elle était douée, eut le pouvoir de soutenir ses efforts, Guicharde passa au milieu de ces troupes éparses sans les interroger et sans les apercevoir. Une seule pensée occupait son esprit et le dirigeait vers un but unique; c'était à Archambaud seul qu'elle pouvait demander du secours dans son angoisse, c'était de lui seul qu'elle espérait obtenir une prompte vengeance; lui seul pouvait lui expliquer tout ce qu'avait encore d'incompréhensible pour elle la terrible apparition de Guillaume Leclerc et les menaces qu'il venait de lui faire entendre.

Les paysans armés la regardaient avec terreur passer au milieu d'eux; les uns la prenaient pour une folle dont ils avaient pitié; les autres, à sa vue, se signaient du signe sacré du chrétien, et demeuraient tremblants et comme cloués au sol. C'est quelque *loup-garou*, disaient-ils à voix basse, qui s'est trop attardé dans sa course nocturne et qui regagne sa tanière, poursuivi par les premières lueurs du jour.

D'autres, plus aguerris ou moins crédules, lui criaient, en cherchant vainement à l'arrêter dans sa course précipitée : « Eh! la belle fille, qui vous met si matin en campagne? votre amant vous a-t-il abandonnée pour quelque autre donzelle plus galante; venez avec nous, nous vous ferons mener joyeuse vie!... »

Mais Guicharde courait toujours, sans rien voir et sans rien entendre.

Trois archers, à la démarche fière et hardie, trois hommes jeunes, lestes et vigoureux la poursuivirent et parvinrent à la saisir par ses vêtements.

« Sorcière, lui dirent-ils, viens-tu du sabbat? alors apprends-nous ce que les diables et les sorciers ont résolu de faire pour soutenir leurs amis les Brabançons, contre l'excommunication de notre saint évêque et contre les troupes rassemblées par nos vicomtes? »

Guicharde parvint encore à fuir ces trois archers, en laissant entre leurs mains des lambeaux de ses vêtements.

Mais les archers n'abandonnèrent point leur

proie ; ils se lancèrent à sa poursuite, et comme ils aperçurent au loin sur le chemin d'autres groupes de paysans armés qui les précédaient, ils se mirent à crier :

« Holà ! camarades, arrêtez cette folle, cette sorcière malfaisante, qui arrive du sabbat pour jeter un mauvais sort sur notre armée. »

En un instant Guicharde se vit cernée de tous côtés. Alors elle ne comprit qu'une seule chose, c'est qu'un obstacle allait être opposé à sa course furibonde ; un second rugissement sortit de sa poitrine ; elle s'arrêta, recueillit toutes ses forces, et, bondissant sur les hommes les plus rapprochés d'elle, dans ce cercle qui se rétrécissait toujours de plus en plus pour la faire prisonnière, elle tenta de se frayer un passage, le poignard à la main.

« Tout beau ! damnée sorcière, s'écria un montagnard aux formes athlétiques qui la repoussa en étendant vers elle le bois d'une sorte de longue pertuisane, tout beau ! la femme au poignard, vous ne passerez point que vous ne nous ayez dit où vous allez, et pourquoi vous troublez ainsi le calme du matin par vos cris et par vos gémissements. »

Guicharde, épuisée par sa longue course et par les inquiétudes dont son âme était saisie, se laissa tomber sur une large pierre et regarda d'abord sans rien répondre et comme un être privé de raison les hommes qui venaient de l'arrêter ; puis reprenant peu à peu ses esprits et recouvrant le pouvoir de s'exprimer :

« Où je vais? répondit-elle, je vais trouver Archambaud de Comborn; si vous savez où je pourrai le rejoindre, par pitié, dites-le-moi.

— J'ignorais, s'écria un des archers qui, les premiers, s'étaient attachés à sa poursuite; j'ignorais que notre noble vicomte eût convoqué l'arrière-ban des sorcières pour marcher avec nous contre les maudits de Malemort.

— Sorcières contre diables! vociféra un bûcheron, qui, pour armes, soit défensives, soit offensives, ne portait que sa hache; *m'est avis*, mes compagnons, qu'il serait prudent de faire prendre un bain à cette coureuse dans la première mare que nous rencontrerons.

— Bien dit ! » hurla la foule qui s'augmentait de moment en moment.

Mais Guicharde se dressa fière et intrépide entre tous ces hommes grossiers, et d'une voix ferme et vibrante, elle parvint à dominer leurs clameurs, et à se faire entendre jusqu'aux rangs les plus éloignés.

« Personne ne me touchera sans faire connaissance avec la lame de mon poignard, entendez-vous, hommes stupides ; et sans faire connaissance également avec les potences du vicomte Archambaud. Ouvrez vos rangs et laissez-moi passer. Le vicomte de Comborn m'attend ; ouvrez vos rangs, ou plutôt si vous voulez recevoir une bonne récompense, conduisez-moi vous-mêmes vers lui. »

La foule se tut au seul nom d'Archambaud de Comborn ; la crainte d'exciter la colère du vautour des montagnes agit puissamment sur tous ces rudes manants des campagnes limousines ; ils délibérèrent entre eux, à voix basse ;

l'attitude, le langage, la fierté qui brillait dans le regard de Guicharde, exerçaient leur empire sur quelques-uns : d'autres craignaient de s'attirer quelque méchante affaire avec Archambaud, si réellement, comme elle le disait, cette femme était attendue par lui. Enfin l'appât d'une récompense excita le zèle de beaucoup d'entre eux, et ils se décidèrent à lui servir d'escorte, à la guider vers le rendez-vous général, où ils devaient se joindre aux hommes d'armes du vicomte de Comborn.

Toute cette foule insolente, animée d'intentions si funestes il y avait peu de moments, passa en quelques secondes à la plus obséquieuse sollicitude envers la femme dont ils avaient comploté la mort. L'archer qui s'était promis de baigner la prétendue sorcière dans l'eau fétide d'une mare, s'approcha d'elle avec une sorte de respect embarrassé, et lui dit :

« Qui que vous soyez, nous allons vous conduire vers le noble vicomte Archambaud, notre seigneur, mais nous avons encore à marcher pendant quelques longues heures avant de pouvoir le rencontrer ; la route est difficile et mauvaise, pourrez-vous nous suivre?

— Marchez, répondit Guicharde, et mon pied ne s'alourdira pas à vous suivre; mon courage ne faiblira pas, car nul d'entre vous ne souhaite plus ardemment que moi d'arriver enfin à la tente d'Archambaud de Comborn. »

Quelques voix s'écrièrent : « Femme, si tu es fatiguée, nous pourrons te porter sur un brancard de branchages. »

Pour toute réponse, Guicharde rompit le cercle dans lequel elle était prisonnière, et s'élançant sur la route qui commençait à s'élever vers le sommet des montagnes :

« En avant ! en avant !... » s'écria-t-elle, et la foule se précipita sur ses pas.

Cependant le soleil montait toujours et ses rayons dardaient de plus en plus leur chaleur sur les voyageurs qui s'avançaient au milieu des bruyères, et gravissaient les flancs décharnés des montagnes d'ardoises et de granit : quelques hommes commençaient à ralentir leur course, d'autres s'arrêtaient pour reprendre haleine et essuyer la sueur qui coulait abondamment sous leur épaisse chevelure. Guicharde seule paraissait insensible à la chaleur comme à la fatigue ; elle précédait de quelques toises les conducteurs de cette foule d'hommes armés, qui s'augmentait, presque à chaque pas, de nouveaux hommes armés, descendus des crêtes les plus élevées des montagnes, ou venus des vallées cachées dans les gorges les plus étroites. Elle ne s'arrêtait ni pour rafraîchir ses lèvres aux eaux des torrents, ni pour réparer par une halte momentanée l'épuisement de ses forces. Une fièvre ardente la soutenait, et l'inquiétude poignante qui déchirait son cœur, la rendait insensible aux fatigues, à l'ardeur du soleil, à la soif dont tous ses compagnons éprouvaient l'impérieux besoin.

Chaque nouvel arrivant demandait quelle était cette femme pâle, aux vêtements en désordre, à l'œil enflammé d'une sauvage énergie, qui conduisait le rassemblement.

Pour tous, il fallait cent fois recommencer les mêmes explications, leur dire la rencontre qui avait été faite de cette femme si forte et si courageuse, que rien ne pouvait arrêter, ni les obstacles de la route, ni la fatigue, ni le soleil dardant ses rayons les plus chauds sur les bruyères et sur le granit, ni la faim, ni la soif, et tous ces hommes se sentaient peu à peu subjugués par l'intrépidité et l'énergique résolution de Guicharde.

Une fois toute la troupe voulut faire halte, vers le milieu de la journée, pour se reposer sous quelques vieux chênes et prendre un peu de nourriture, mais Guicharde continua sa route sans s'arrêter en criant toujours :

« En avant !... en avant ! aux Brabançons !... aux Brabançons !... »

Et la troupe se remit en marche, n'osant pas se montrer moins dure aux privations et à la fatigue qu'une femme, dont la délicatesse des formes indiquait une créature peu accoutumée aux rudes travaux.

Le soleil commençait à descendre vers les

montagnes du couchant, et Guicharde marchait toujours; la foule qui la suivait, s'avançait péniblement à une assez longue distance derrière elle; l'archer qui l'avait arrêtée, marchait seul à ses côtés, mais toute sa colère contre la prétendue sorcière s'était évanouie pour faire place à une admiration profonde: jamais il n'avait ni vu, ni ouï parler d'une femme semblable en courage et en force à cette femme, que rien ne pouvait arrêter, et que peu d'hommes pouvaient tenter d'égaler. Vingt fois il voulut lui offrir soit un morceau de son pain noir, soit une coupe d'eau fraîche qu'il allait puiser pour elle aux sources des montagnes; mais, sans accepter ses offres, Guicharde lui criait en redoublant d'ardeur :

« En avant!... Archambaud récompensera largement celui qui m'aura montré le chemin de sa tente. »

Enfin l'archer désignant un point éloigné, dit à Guicharde :

« Femme, voici la tente du vicomte Archambaud et sa banière que le vent du soir balance au-dessus des rochers de Donzenac; apercevez-vous les huit tours de la ville ? »

Guicharde s'arrêta un moment pour saisir dans les brumes qui commençaient à s'élever à l'horizon le point qui lui était désigné ; puis elle reprit sa course avec une telle vitesse que l'archer, harassé par toute une longue journée de marche, ne put la suivre que de loin.

Les premiers gardes qui veillaient autour du campement d'Archambaud de Comborn voulurent arrêter Guicharde, mais rien ne put lui faire obstacle; elle franchit, prompte comme l'éclair qui précède la foudre, l'espace qui la séparait encore de la tente de son amant, et s'y précipitant, pâle, égarée, les cheveux en désordre, les yeux injectés de sang :

« Lève-toi, lève-toi, Archambaud, cria-t-elle, lève-toi!... qu'as-tu fait de mon fils?... »

Archambaud à ces exclamations, à la vue de Guicharde, folle de terreur et d'angoisses, se sentit saisi de crainte, et la pâleur de la mort se répandit sur son front.

« Ton fils... Guicharde... je l'ai remis au

moine que l'abbé d'Obazine m'a envoyé pour recevoir ce précieux dépôt.

— O père insensé, reprit Guicharde, tu es donc devenu subitement aveugle!... Archambaud, Archambaud, tu as tué ton fils, car tu l'as remis aux mains de ton mortel ennemi.

— Tu mens, femme, tu mens; je l'ai confié au moine d'Obazine.

— Non, te dis-je, non, ce prétendu moine était ton ennemi, et tu ne l'as pas reconnu?

— Nomme-le, Guicharde, nomme-le, dit Archambaud en saisissant son épée.

— Laisse là ton épée, il est hors de ton atteinte en ce moment!... Ton ennemi est venu sous ton toit, Archambaud, et tu l'as traité en ami, et tu lui as remis notre fils!... mon enfant à moi, le sang de mon sang, la chair de ma chair!...

— Son nom!...... son nom, le diras-tu, femme!...

— Et bien! père dénaturé, tu as remis Hugues aux mains féroces de Guillaume Leclerc!...

— C'est maintenant que tu mens, femme ! cria Archambaud en s'élançant vers Guicharde et en l'étreignant avec violence entre ses mains recouvertes de gantelets de fer !... dis que cela n'est pas !... dis-le, si tu ne veux pas que j'étouffe aveuglé par le sang qui me serre la gorge.

— Non, tu as livré mon enfant.... et Guillaume nous le rendra mort !... » Puis vaincue enfin par la fatigue, par tant d'émotions subies depuis le matin, Guicharde tomba aux pieds d'Archambaud, et pour un moment elle perdit la conscience de son malheur.

CHAPITRE XI.

LE CHATEAU DE MALEMORT.

Non loin des murs de Brive, sur une colline qui domine les prairies arrosées par la Corrèze, s'élevait, en 1177, et s'éleva longtemps encore après, le château de Malemort, où les Brabançons avaient établi leur quartier général. Ce château, ou plutôt cette forteresse, située non loin de la route de Tulle, commandait tout le pays environnant. Ses possesseurs inquiétaient par leurs excursions, non-seulement les villages dépourvus de murs d'enceinte, mais encore la ville de Brive elle-même, sous les tours de laquelle ils venaient quelquefois enlever de paisibles laboureurs, qu'ils mettaient à rançon. Des chemins tortueux conduisaient à Malemort; aucun arbre ne les abritait de son ombrage; le penchant du coteau, ainsi que la plaine, étaient dépouillés de végétation, et cette précaution avait été prise pour rendre impossible une attaque imprévue. Les sentinelles placées sur les tours apercevaient, à plus d'un quart de lieue, le visiteur qui se dirigeait vers Malemort.

De nombreuses barrières coupaient l'étroit sentier, seul chemin pour aborder à la forteresse; chacune de ces barrières était munie de grosses portes voûtées, défendues par des meurtrières habilement pratiquées dans l'épaisseur de la maçonnerie, et l'entrée de la dernière enceinte était flanquée de deux énormes tours carrées, capables de contenir un grand nombre de soldats. Un rempart de plusieurs mètres d'épaisseur partait de ces deux tours, et servait de ceinture au donjon, autre tour énorme et plus solidement bâtie encore que les tours de la dernière enceinte, d'où l'œil embrassait le corps entier de la place, ses ouvrages avancés et le pays à une grande distance.

Le bas de la colline sur laquelle on avait construit le château de Malemort était protégé par un mur épais, derrière lequel on avait ménagé une sorte de plate-forme où pouvaient se déployer les troupes de la garnison, et d'où elles pouvaient disputer longtemps aux assaillants l'approche des dernières enceintes. En cas de malheur, et dans la prévoyance d'une retraite vers le corps de la place, de nombreux souterrains, aboutissant au donjon, avaient été pratiqués dans toute la largeur de la colline, et quelques-uns de ces souterrains conduisaient même assez avant dans la plaine pour permettre aux assiégés, soit de faire des sorties inattendues, et de surprendre l'ennemi, soit de renouveler leurs provisions, malgré toute surveillance des assiégeants.

Guillaume Leclerc avait admirablement choisi cette position, très-forte à cette époque, et dont les fortifications passaient pour les mieux ordonnées de toutes celles qui hérissaient les collines et les montagnes du bas Limousin. Il avait considéré, en s'en emparant, autant son importance politique que la force et la solidité de sa citadelle. En effet, le château de Malemort tenait Brive en échec, lui coupait pour ainsi dire ses communications avec Tulle, et séparait les puissants seigneurs de Ventadour de ceux de Comborn, de Ségur et d'Authefort. Par le château d'Issandon, autre forteresse importante, située à l'entrée des grandes gorges du bas Limousin, les routiers tenaient encore en respect les villes de Voutezac et d'Allassac, et tous les seigneurs environnants; de ces deux repaires ils s'élançaient à chaque instant pour mettre à contribution le pays plat ainsi que les châteaux et les abbayes qui ne pouvaient leur résister. Leurs exactions, leurs violences, leur barbarie en un mot avait été poussée si loin, que de tous côtés s'élevaient contre eux d'immenses clameurs d'indignation. Lorsque Isambert, abbé de Saint-Martial de Limoges, prêcha la guerre sainte le jour des Rameaux, ses paroles trouvèrent un écho dans les cœurs ulcérés des malheureuses populations, qui, toutes, avaient des crimes à reprocher aux routiers. La nombreuse assistance, attentive aux paroles de l'abbé de Saint-Martial, éclata en sanglots lorsqu'il raconta tour à tour les villages brûlés, leurs habitants massacrés, les abbayes, les couvents forcés et les sanctuaires violés, et les plaines fertiles changées en désert. Tous les hommes pleurèrent. Mais l'indignation fit naître en eux une noble colère, et le vicomte Adémar de Limoges trouva autant de combattants que d'hommes valides le jour où il leva sa bannière.

Les vingt compagnies de routiers composaient une petite armée dont la force et l'audace n'étaient pas à dédaigner. Habitués à la guerre, sachant qu'en dehors de leur camp ou de leur forteresse aucun d'eux n'avait à attendre de merci s'il tombait aux mains des paysans ou même des seigneurs du bas Limousin, ils devenaient plus dangereux, plus redoutables encore, parce qu'ils se sentaient plus haïs. Campés dans l'enceinte du château de Malemort et dans des espèces de camps avancés qui servaient de corps d'observation du côté de Brive et du côté de Tulle, les Brabançons redoublaient depuis quelques jours d'activité et de surveillance; ils n'ignoraient pas qu'ils allaient être attaqués, sans connaître précisément la force de leurs ennemis; aussi concentraient-ils leurs troupes autour de Malemort. Depuis quelques jours on ne les voyait plus s'aventurer au loin pour mettre à contribution un bourg important ou brûler des moissons, ils se contentaient de faire partir deux ou trois fois par jour de fortes patrouilles qui s'échelonnaient pour n'être point coupées et dont la seule mission était de reconnaître la marche et l'arrivée de l'ennemi. Le château avait été pourvu d'abondantes provisions, et les armes de tous les routiers venaient d'être visitées et fourbies de nouveau par l'ordre de leur chef.

Guillaume Leclerc, après son expédition au château de Comborn et à la demeure de Guicharde, était rentré dans son donjon de Malemort, en passant par un des nombreux souterrains dont lui seul avait la connaissance; les hommes qu'il avait envoyés chez le garde-chasse du chevalier de Lasteyrie étaient également revenus, ramenant avec eux le jeune Hugues, que l'on enferma, à son arrivée, dans une des chambres hautes du donjon. Le calme le plus grand semblait régner dans l'enceinte de Malemort parmi le ramassis de brigands de tous pays qui en formait la garnison; les sentinelles se promenaient en silence sur les plates-formes des tours; d'autres soldats dormaient dans le corps de garde; d'autres buvaient ou jouaient aux dés dans l'angle d'une cour, sous une voûte de quelque salle basse. Des femmes, enlevées soit dans les campagnes voisines, soit dans les couvents livrés au pillage, se faisaient remarquer au milieu d'eux, les unes à moitié ivres et presque nues, comme si elles eussent voulu chercher dans l'orgie l'oubli de leurs maux; les autres, folles de terreur et de désespoir, les yeux rougis par les larmes, la figure pâle comme le linge de leurs vêtements.

On voyait çà et là, accrochés à des clous fixés dans les murailles, des habits et des étoffes de toute sorte, lots tirés au sort dans le partage des derniers pillages; puis on voyait encore errer dans les chemins de ronde des différentes enceintes, des bœufs et des vaches qui n'avaient pu trouver de place dans les étables déjà remplies; plus loin des chefs s'occupaient à faire emmagasiner des sacs de blé et des charrettes de fourrage, que des patrouilles volantes ramenaient à chaque instant de quelqu'une de leurs expéditions.

Autour du donjon, des sentinelles se croisaient et défendaient l'approche de la porte contre tous ceux qu'un ordre spécial du chef n'appelait point à y pénétrer. Le donjon contenait aussi les prisons; et un fort poste de routiers, chargé d'empêcher l'évasion des prisonniers, s'amusait parfois à torturer quelqu'un de ces malheureux, soit en le suspendant par les bras à des cordes qui lui serraient les poignets, soit, s'il était moine ou homme d'Église, en le forçant, la dague sur la gorge, à célébrer les saints mystères au milieu d'indécentes profanations, ou à les absoudre des crimes et des lubricités qu'ils commettaient sous ses yeux.

A une heure assez avancée, dans la matinée qui suivit les événements que nous avons rapportés dans le chapitre précédent, un moine était assis dans le corps de garde du donjon sur un banc de chêne noirci par la fumée; sa robe lui avait été enlevée, et sur ses épaules les débris d'un vieux manteau cachaient mal leur nudité. Ce moine était un vieillard à la barbe blanche, au crâne jauni et luisant; les fatigues et les chagrins imprimaient sur sa figure leur cachet indélébile; il récitait à voix basse les prières des agonisants et cherchait, au milieu des injures qui lui étaient adressées, à élever son âme vers Dieu, à lui offrir, en expiation des péchés de sa vie, le sacrifice de ses derniers jours, car il croyait à chaque moment qu'une potence allait l'envoyer dans l'éternité.

Deux hommes cependant se tenaient à ses côtés et veillaient à ce qu'il ne lui fût fait aucun mal, car ils en avaient répondu à Guillaume Leclerc ; et ce chef redouté ne pardonnait pas à ceux qui ne faisaient point respecter ses ordres ; mais ces deux hommes ne s'opposaient nullement aux injures et aux blasphèmes dont on accablait ce pauvre religieux; ils semblaient eux-mêmes prendre une grande part à la joie de leurs camarades, qui riaient et chantaient d'infâmes chansons en jouissant de ses angoisses.

« Moine, disait l'un, gros et colossal Flamand à la blonde chevelure, veux-tu que je te confesse comme tu as confessé hier l'écuyer du vicomte de Comborn ? Crois-moi, ne perds pas de temps, raconte-moi tes péchés, sans cela tu risques fort d'aller danser sans absolution la danse sans plancher.

— Holà ! criait un Anglais déserteur de la troupe d'archers que le roi d'Angleterre, Henri II, avait amenée de Londres; holà ! marmotteur de pater ! comment as-tu été assez imprudent pour quitter ton couvent d'Obazine ? tu ignorais donc que les routiers étaient en campagne ? Nous allons t'apprendre à prêcher contre les Anglais, mauvais pourceau du Limousin. » Et l'archer saxon prit une flèche dans sa ceinture et fit semblant de vouloir la lui décocher en l'ajustant sur la corde de son arc.

« Non ! non ! camarades, hurla un troisième brigand dont la nationalité était inconnue, parce qu'il avait servi tous les partis, pillant partout où il y avait à piller; soldat depuis son enfance, passant alternativement du drapeau aux trois léopards à l'oriflamme de la royauté française, suivant les chances de fortune qu'il entrevoyait sous l'une ou l'autre bannière.

— Holà ! camarades, ne soyez pas si pressés. Gardons ce moine parmi nous ; aussi bien il nous faut un chapelain pour administrer le sacrement du mariage à ceux qui croiraient ne pouvoir s'en passer, et ce soir il nous arrive tout un couvent de jeunes nonnettes, qui tiendront à voir bénir leurs unions matrimoniales avant de nous appeler leurs maris. »

Tout le corps de garde éclata en rires fous à ces paroles, et d'un commun accord les soudards s'écrièrent :

« Oui, oui, conservons le moine, respectons notre digne chapelain ; ce soir il nous mariera aux vierges de Coiroux[1].

[1] *L'abbaye de Coiroux.* Saint Étienne, fondateur d'Obazine, avait aussi jeté les fondements d'un cloître, destiné à des femmes, dans l'anfractuosité des montagnes, parmi des rochers dépouillés de toute végétation où l'œil ne peut se reposer que sur le ciel, sur des montagnes arides ou sur des blocs de pierres.

Cette abbaye était voisine de celle d'Obazine ; l'abbé d'Obazine était le supérieur de cette communauté de femmes, et pourvoyait à leur existence.

(*Histoire politique, civile et religieuse du bas Limousin*, par F. Marvaud.)

— Il faut alors qu'il boive à nos prochains mariages et à la santé de notre brave chef Leclerc, son ancien confrère, s'écria le Flamand.

— Oui, oui, qu'il boive, » répéta l'archer, et il se leva pour faire avaler au moine d'Obazine une pinte d'une boisson fermentée dont les routiers s'abreuvaient largement depuis le matin.

Le moine restait toujours immobile, les yeux baissés, croyant que sa dernière heure était venue ; mais comme il s'apprêtait à résister par la force d'inertie aux mauvaises intentions des routiers, une femme à moitié ivre entra dans le corps de garde, donnant le bras à un homme d'armes couvert d'une cotte de mailles et portant sur sa tête un casque de fer poli.

« Laissez, dit-il en entrant, laissez le moine d'Obazine, le capitaine Leclerc veut lui parler à l'instant même.

— Il est donc revenu de son expédition mystérieuse? demandèrent toutes les voix par une exclamation soudaine.

— Oui, le capitaine Leclerc est revenu, et prenez garde s'il entend vos hurlements, car il est revenu le front plus soucieux qu'à l'ordinaire. Ainsi modérez votre joie... Vous savez qu'il n'est pas bon de le réveiller dans son antre.... »

Les routiers se turent à l'instant même.

« Allons, suis-moi, méchant moine, ajouta l'homme d'armes ; n'as-tu pas entendu que le capitaine Leclerc t'attend ? faudra-t-il te porter en sa présence ? Quant à vous, qui êtes devenus doux comme des agneaux, prenez Aloysia, la belle nonne, qui divertissait si fort vos chefs il n'y a que deux jours ; mais amusez-vous honnêtement, pas de tapage, pas de dispute, surtout pas de dague tirée, ou gare au capitaine Leclerc. »

Le moine suivit l'homme d'armes ; et la belle Aloysia, ivre, presque nue, à moitié folle, resta dans le corps de garde.

CHAPITRE XII.

LES CHEFS DES BRABANÇONS.

Guillaume Leclerc était assis sur un grand fauteuil à moitié brisé, dans la salle qui jadis servait de salle de réception lorsque Geraud de Malemort était maître dans son château; mais on voyait que le pillage et la dévastation avaient passé par cette salle comme par tout le reste du château; les verrières des fenêtres étaient en partie détruites ; les meubles portaient l'empreinte des coups de hache dont les routiers les avaient frappés, pour parvenir plus promptement à découvrir l'argent ou les choses précieuses qu'ils y supposaient cachés. Quelques armures, telles que des cottes de mailles, des casques de fer poli, des boucliers destinés aux archers et aux arbalétriers occupaient un des coins de cette pièce assez vaste, voûtée à plein cintre et rendue très-sombre par le peu de largeur de sa fenêtre, qui d'ailleurs était masquée par l'élévation des autres bâtiments.

Debout, près du fauteuil de Leclerc, se tenaient deux de ses principaux officiers auxquels il paraissait donner des ordres. Ces deux officiers couverts de cottes de mailles, mais n'ayant sur leur tête qu'un simple mortier fait de peaux de loup, étaient plus jeunes que lui et l'écoutaient avec une respectueuse déférence. Après Guillaume Leclerc, Sancion de Sarannes et Curbaran [1] étaient les chefs les plus influents et les

---

[1] Sancion de Sarannes et Curbaran étaient deux chefs de

plus intrépides des bandes de routiers; tous deux appartenaient à de bonnes familles; mais ruinés par la débauche, avides de butin et de batailles, ils avaient préféré à l'honneur de servir la cause de leur pays, sous la bannière de chefs honorables, le poste honteux et lucratif de chefs de routiers, gens sans foi, dévoués à celui qui portait le plus haut l'enchère de leur vénalité.

« Notre position devient critique, Sancion, disait Leclerc en froissant une lettre entre ses doigts. Ni le roi Henri, ni le prince Richard n'ont besoin de nous en ce moment; aussi nous laissent-ils sur les bras tous ces enragés barons du Limousin, ameutés par l'abbé de St-Martial. Les princes anglais ne sont point avares de promesses, mais ils ne songent guère à secourir leurs fidèles alliés, quand ce n'est pas pour leurs causes que ceux-ci combattent.

routiers, mercenaires combattant pour les princes qui réclamaient leur concours en temps de guerre, pillards en temps de paix. En 1184 ils se joignent au vicomte de Turenne qui vient attaquer Brive.

J'ai trouvé à mon retour cette lettre du prince Richard, qui nous engage à tenir à Malemort. « Les hostilités ne peuvent être longtemps « suspendues, nous mande-t-il, car le mauvais « vouloir des Limousins contre nous est tou- « jours le même, et Bertrand de Born souffle « le feu de la révolte dans l'âme de mon frère. « Ainsi, avant peu nous aurons des batailles « et de beaux coups de lance. Préparez-vous « en attendant, taillez le plus d'occupation « que vous pourrez le faire aux vicomtes de « Limoges, de Comborn et de Ventadour; des « châteaux d'Issandon et de Malemort tenez- « les en échec; pillez et brûlez sur leurs terres, « vous nous rendrez un service que nous n'ou- « blierons pas. »

— Que dites-vous de la lettre du prince anglais, Curbaran?

— Je dis que j'aimerais mieux le voir arriver avec seulement six vingts bonnes lances, pour nous débarrasser de toute cette canaille qui commence à intercepter nos convois de vivres. Savez-vous, capitaine Leclerc, qu'ils ont porté l'audace jusqu'à venir attaquer un de nos détachements qui accompagnait un troupeau de bœufs enlevés par nos patrouilles volantes, de l'autre côté de Brive ?

— Et qui a osé faire cela, Curbaran ? demanda Leclerc.

— Par tous les diables de l'enfer, les auteurs de cette attaque ou plutôt de cette surprise, car notre détachement est tombé dans une embuscade, sont ces manants de Brive, ces mauvais bourgeois, hardis seulement dans de pareilles attaques ou derrière leurs murailles....

— Les gens du détachement ont-ils pu sauver leur peau dans cette affaire ?

— Ils n'ont rien sauvé du tout, et nos éclaireurs m'ont raconté ce matin que leurs cadavres flottent suspendus aux créneaux des tours de Brive, dit Sancion.

— Par la mort-Dieu ! ils se repentiront de leur folle audace !... Sancion, vous choisirez parmi nos prisonniers de Brive les hommes les plus propres, ceux qui pourront faire le plus d'honneur à une potence, et je veux que ce soir ils soient accrochés à quelque bon madrier de chêne, en face des murailles de Brive, pour servir de vis-à-vis aux pendus qui nous appartiennent. Seulement, vous rendrez deux pendus bruvistes pour un des nôtres !... Nos éclaireurs n'ont rien aperçu sur les routes de Tulle et dans les défilés des montagnes?

— Presque rien, répondit Curbaran; ils ne m'ont signalé que quelques faibles détachements de paysans, qui se glissaient à travers les rochers les plus âpres et les plus difficiles à gravir et qui paraissaient se rendre à un même rendez-vous. Pendant la nuit dernière, nous avons vu des feux allumés sur plusieurs montagnes, et Brive, par des signaux de feu, semblait répondre aux feux des montagnes.

— Quelle direction suivaient ces feux? demanda Guillaume Leclerc.

— Ils venaient du côté de Tulle, et quelques-uns des coteaux qui séparent Brive de Voutezac et d'Allassac.

— Alors nos gens d'Issandon les auront aperçus et se tiendront sur leurs gardes; d'ailleurs je les ai fait prévenir. Mes ennemis se rassemblent ; Adémar de Limoges, Archambaud de Comborn, Olivier de Lastour, Eschivat de Chabanais marchent contre nous; il est temps de nous préparer, car nous ne devons pas nous dissimuler que ce sera une guerre sans merci, et nous aurons affaire à de bonnes lances, à des hommes d'armes aguerris, que seconderont des hordes de manants exaspérés. Les compagnies sont-elles complètes et bien équipées? les traits ne manquent-ils pas à nos archers? les carreaux à nos arbalétriers? tout est-il bien en ordre?

— Nos compagnies sont nombreuses et bien armées, répondit Sancion de Sarannes, et tous nos hommes savent qu'il faut se battre jusqu'à la mort. Les mots de pitié et de merci sont des mots d'une langue qui leur est inconnue aussi bien qu'à leurs ennemis.

— Combien comptons-nous encore de ces archers anglais que nous a fournis l'armée du roi Henri?

— A peu près cinq cents, reprit Sancion de

Sarannes, et si nos ennemis les archers de Brive tiennent à faire l'épreuve de leur adresse, nous pourrons engager la partie.

— Ecoutez-moi, Curbaran, dit Guillaume Leclerc après un moment de réflexion et avec le son de voix le plus calme comme aussi le plus résolu ; écoutez-moi, vous aussi, maître Sancion de Sarannes, et pesez bien mes paroles, car elles sont importantes : nous serons probablement attaqués demain ; j'ai des raisons particulières pour le croire. Archambaud de Comborn a dû rallier ce matin tous les hommes en état de porter les armes dans sa vicomté ; il marche par Voutezac et Allassac, dont il compte emmener avec lui les hommes les plus déterminés. Ce soir il aura rejoint le vicomte de Limoges, ainsi qu'Olivier de Lastours et Eschivat de Chabanais ; les bourgeois de Tulle s'avancent sous leurs bannières ; il ne faut point nous laisser surprendre. Vous, Curbaran, faites monter à cheval cent cinquante de nos meilleures lances, et que chacune d'elles ait en croupe un archer ; vous vous porterez avec cette troupe au-devant de nos ennemis jusqu'à ce que vous les aperceviez, et alors vous opérerez lentement votre retraite, en vous servant de vos archers auxquels vous ferez mettre pied à terre pour inquiéter l'avant-garde des confédérés limousins ; aussitôt qu'elle se déploiera devant vous, expédiez-moi un messager pour me prévenir. Quant à vous, Sancion de Sarannes, veillez à ce que le plus grand ordre règne dans les différentes enceintes de Malemort ; que chaque homme soit au quartier de sa compagnie. Ordonnez de seller les chevaux ; les cavaliers se coucheront tout armés ; et par compagnie vous laisserez veiller un piquet de cent hommes, que vous relèverez une fois dans la nuit. Dites, de ma part, que les hommes qui s'enivreront, s'ils sont cavaliers, combattront à pied, et s'ils appartiennent aux archers, je leur ferai administrer, pour les dégriser, vingt-cinq coups de corde à chacun sur les épaules. Veillez avec soin, Sancion ; inspectez souvent les sentinelles et les postes avancés. Je veux aussi que pour demain matin la potence à laquelle est accroché le corps de l'écuyer d'Archambaud de Comborn soit exhaussée de telle façon, qu'elle puisse être vue de très-loin; je veux que l'on mette sur la poitrine de cet écuyer un grand bouclier décoré des deux lions de son maître. Allez, mes bons amis; demain, si nous sommes vainqueurs, nous serons seigneurs et vicomtes du bas Limousin; notre gracieux maître, le roi Henri, nous accordera l'investiture de tous les beaux domaines que nous aurons aussi légitimement gagnés que les avaient légalement acquis les aïeux de leurs possesseurs actuels. Si nous sommes vaincus....

— Nous ne le serons pas, s'écria Curbaran; comment voulez-vous que des troupes ramassées à la hâte puissent tenir contre les vingt compagnies des Brabançons?

— Ces troupes, ramassées à la hâte, marchent fanatisées par les discours de l'abbé de St.-Martial; le vieil évêque de Limoges, qu'ils regardent presque comme un saint, porte au milieu d'eux l'autorité de son titre d'évêque;

il leur a promis la victoire, il leur a donné l'absolution et doit les bénir tous sur le champ de bataille. Ce vieillard aveugle exerce une grande influence sur la multitude, et sa présence seule a rallié à l'armée d'Adémar de Limoges un grand nombre de soldats. Nous aurons à nous battre contre des gens fanatisés et au désespoir ; ces gens-là sont toujours dangereux.

— Vous avez raison, capitaine Leclerc, répondit Sancion de Sarannes ; mais nos Brabançons savent que s'ils sont vaincus, la retraite leur sera bien difficile, et ils se battront pour sauver leur peau ; je réponds d'eux.

— Curbaran, demanda Guillaume Leclerc, avez-vous pris soin de ce moine d'Obazine que j'avais remis à votre garde ? a-t-il été respecté par nos hommes ? ne lui est-il arrivé aucun mal ?...

— Aucun, si ce n'est d'être resté exposé aux sarcasmes et aux quolibets des archers de la garde du donjon ; j'ai appris qu'ils l'avaient nommé leur chapelain.

— Faites cesser toutes ces folies. J'ai besoin

de ce moine et je ne veux pas qu'on me le rende fou, comme le dernier que nous avons pris et qu'on a laissé geler de froid [1] après l'avoir baigné pendant un quart d'heure dans une mare glacée. Allez, Curbaran, et donnez ordre que le moine d'Obazine me soit amené. »

Sancion de Sarannes et Curbaran sortirent pour exécuter les ordres qui leur avaient été donnés; Guillaume Leclerc les accompagna du regard aussi longtemps qu'il put les apercevoir, et ses yeux et ses lèvres contractées indiquaient un mépris farouche.

« Allez!... allez!... murmura-t-il en lui-même, âmes sordides, cœurs sans fierté.... Allez, bandits, plus coupables cent fois que les grossiers soldats qui vous obéissent!... Des chevaliers!... des hommes appartenant à d'ho-

---

[1] Les soldats mercenaires du baron de Malemort (1175), pour s'amuser, pratiquaient des ouvertures dans la glace, et y enfonçaient leurs prisonniers qu'ils tenaient dans l'eau jusqu'à ce que leur barbe fut gelée.

(*Chronic. Vosiensis.*)

norables familles, faire le vil métier de routier !... méprisés par ceux mêmes qui les emploient, en horreur à leur pays !... Et ils n'ont rien à venger; ils n'ont aucun tourment qui leur déchire le cœur !... Le soir venu, ils se mettent au lit et ils dorment comme un enfant dans son berceau !... Ils pillent ; ils dévastent ; ils brûlent ; ils violent et tout cela sans remords !... Ils ne redoutent rien ; ils ne croient à rien. »

Guillaume Leclerc laissa tomber sa tête dans ses mains et il resta absorbé en lui-même, les yeux fermés, pendant quelques minutes. Le jour baissait, les ombres se faisaient plus grandes et plus noires dans la salle qui lui servait d'appartement : la cheminée n'avait point de feu; aucune lampe, aucun flambeau ne dissipait, par sa lumière, une portion des ténèbres que la nuit avait jetées sous ces grandes voûtes.

Au moment d'accomplir la vengeance à laquelle il a sacrifié sa vie, Guillaume éprouve non pas de l'hésitation, mais un sentiment de mélancolie sombre, qui fait revivre pour un instant en son âme le souvenir douloureux et poignant de ce qu'il aurait pu être, en présence de ce qu'il est devenu ; et puis il sent pour la première fois une lassitude inconnue jusqu'à ce jour ; la fièvre des passions haineuses l'a soutenu dans son œuvre infernale ; mais au moment où il tient entre ses mains, et sans qu'elle puisse lui échapper, la vengeance qu'il a tant cherchée, alors elle lui semble moins douce. Au moment de rendre le mal pour le mal, il s'étonne de ne pas éprouver plus de joie; son but va être atteint, et il est triste !

« Que vais-je faire désormais, dit-il en relevant la tête?... O mon âme! ô mon âme! qui t'emplira maintenant.... quand je vais avoir tout accompli?... Puis il ajouta en se levant et en marchant à grands pas : Rester chef de misérables routiers.... de brigands sans honneur.... non ! non !...» Et de nouveau il retomba dans le silence et la réflexion.

Lorsque ses serviteurs apportèrent des lumières, quelques larmes sillonnaient sa sombre figure.

CHAPITRE XIII.

LE MOINE D'OBAZINE ET HUGUES.

Deux hommes d'armes introduisirent le moine d'Obazine dans la salle où Guillaume Leclerc se laissait entraîner à toute l'amertume de ses réflexions; le bruit qu'ils firent en ouvrant la porte le réveilla comme en sursaut. Il se leva brusquement et jeta autour de lui un regard plein de tristesse et presque de terreur;

mais il se remit bientôt de son émotion passagère, et rassemblant toute son énergie, les pensées douloureuses qui avaient assombri son âme se dissipèrent comme les brouillards d'un matin d'automne se dissipent aux premiers rayons du soleil. En un instant sa figure reprit son expression habituelle de rudesse et d'ironie.

« Retournez à votre corps de garde, dit-il aux hommes qui avaient amené le moine; et tenez-vous prêts à venir lorsque vous entendrez le signal de mon sifflet. »

Les deux hommes d'armes se retirèrent et le moine resta seul, en présence du capitaine Leclerc.

« Moine, dit celui-ci, tu vas reprendre le chemin d'Obazine; le vicomte de Comborn n'a plus que faire de ta visite, et tu ne le trouverais pas à son château, car il est en marche pour venir m'attaquer dans les prairies de Malemort. Tu peux prendre ton froc que j'ai jeté dans un coin de cette chambre, sur les armures que tu vois amoncelées près de la fenêtre. Tu es venu dans l'antre des Brabançons; tu as vu leur capitaine et tu sortiras d'ici sain et sauf; rends grâce à Dieu d'être arrivé vers moi dans un de mes jours de clémence. Le vicomte de Comborn m'a remis pour ton abbé une donation de sa terre de Chadebec; elle est en bonne et due forme, revêtue de son scel; la voici, je ne veux rien retenir de ce qui est destiné à ton couvent!... Moi aussi, ajouta-t-il d'une voix plus basse, j'ai l'intention de te charger d'une offrande pour Saint-Étienne. Prends cette bourse bien garnie; et fais célébrer pour moi chaque jour, pendant un an, le service divin; ton abbé et toi, moine, vous devez seuls être instruits du don que je vous fais; priez pour Guillaume Leclerc et souvenez-vous qu'il a été clément pour un moine d'Obazine. »

Le vieux moine avait repris sa robe de bure; puis il était demeuré immobile à écouter les ordres de Guillaume; mais lorsque ce capitaine annonça par son silence qu'il attendait une réponse, le moine jeta vers lui des regards dignes et assurés, et d'une voix que la terreur ne faisait point trembler, il prononça les paroles suivantes :

« Garde ton argent, Guillaume, toi que tes soldats ont surnommé Leclerc, comme pour te reprocher éternellement ton apostasie. L'Église ne peut avoir de prières pour toi, l'Église rejette de son sein le moine sacrilége. »

A cette apostrophe hardie, Guillaume Leclerc se souleva, pâle de fureur.

« Tais-toi ! tais-toi ! moine audacieux, s'écria-t-il, tu n'es pas encore sorti des murs de Malemort; ne me fais pas repentir de ma clémence !.. Ton Église a bien su prier pour tous ces farouches barons dont les châteaux menacent le couvent d'Obazine; ton Église a su prier pour les princes qui vous dépouillaient; vous avez dit des messes pour un Archambaud de Comborn qui s'est baigné dans le sang de douze moines massacrés de sa propre main dans leurs cloîtres de Tulle, et vous prierez pour son digne héritier qui les jette vivants dans la citerne de son château.

— Nous prions pour ceux qui se repentent, reprit le moine, mais nous ne prions pas pour ceux qui persévèrent dans les voies de l'iniquité. Je te connais, Guillaume, je t'ai vu à Montignac, lorsque tu étais un pauvre serviteur de Dieu, lorsque tu ne t'étais pas séparé de la communion des fidèles ! Tu as fui la retraite où tes jours s'écoulaient dans le recueillement et la prière ; tu as renié l'Église et l'Église te renie.... »

Guillaume Leclerc retomba sur son siége et toute sa fureur s'évanouit ; ses regards erraient autour de lui et son âme semblait en proie à l'indécision ; deux fois il agita ses lèvres comme s'il eût voulu parler, et deux fois les mots de sa pensée ne purent sortir de ses lèvres. Enfin, avec un accent brisé par quelque torture intérieure, il dit :

« Va, retire-toi en paix, et si tu ne peux pas prier pour moi, prie pour tous ceux qui souffrent. Retire-toi ; je ne veux pas porter ma main sur ta vieillesse ; pars, ne laisse point à ma colère ou à mes mauvaises passions le temps de reprendre leur empire sur mon âme. »

Mais le moine, s'avançant vers lui, se jeta à genoux, et les bras étendus, la figure baignée de larmes, la voix entrecoupée de sanglots, il lui répondit :

« Je ne peux pas prier pour toi, Guillaume, tant que tu seras sous le poids de l'excommunication, aussi longtemps que tu n'auras pas dépouillé ta robe d'iniquité !... L'Église te pleure, comme elle pleure ses enfants qu'elle est dans la nécessité de châtier; l'Église te pleure et te tend les bras ! abdique ton titre odieux de chef de routiers; laisse là ces guerres impies qui déchirent ton pays; laisse ces hommes de sang, qui amassent contre eux les cris de tant d'innocentes victimes massacrées; viens avec moi, reprends le chemin de la retraite; viens passer les jours que le ciel t'accordera dans l'expiation et la pénitence, et je prierai avec toi, et toute l'Église priera avec toi !...

— Non !... non !... je ne peux pas revenir sur ce que j'ai fait !... je ne peux pas renoncer à accomplir ce que j'ai juré d'accomplir !... »

Le moine redoubla ses instantes sollicitations.

« Guillaume !... Guillaume !... écoute-moi ; c'est ton bon ange qui te parle par ma bouche ; Dieu permet qu'un dernier avertissement te soit donné, ne le dédaigne pas.

— Relève-toi, moine, relève-toi, murmura le chef des Brabançons en se débattant contre son émotion ; il est trop tard !...

— Non, il n'est jamais trop tard, pauvre enfant égaré ; le Christ n'a-t-il pas dit que ceux qui viendront travailler à sa vigne à la quatrième heure du jour seront récompensés comme les ouvriers venus dès l'aurore ?..... Crois-moi, Guillaume, il n'est jamais trop tard pour retourner vers Dieu ; il attend toujours le pécheur repentant avec une nouvelle robe d'innocence ; il ne demande qu'un sincère repentir !...

— Je ne peux pas me repentir !... je ne le veux pas !... et d'ailleurs crois-tu que les barons du Limousin me laisseraient en paix dans ton monastère? non, ils m'en arracheraient pour me livrer à une mort ignominieuse.

— Personne ne violera l'enceinte sacrée d'Obazine; personne n'osera poser une main sacrilége sur l'homme auquel le Seigneur aura ouvert son saint asile. Guillaume!... Guillaume!... ne repousse pas mes prières... vois-moi à genoux devant toi; vois un pauvre vieillard de quatre-vingts ans verser des larmes sur tes jeunes années perdues. Souviens-toi que le Christ a dit encore : « Il y aura plus de joies dans le ciel pour un pécheur repentant que pour quatre-vingt-dix-neuf justes qui persévéreront!... » Sois ce pécheur, Guillaume; viens à Obazine, et tu verras notre église revêtir ses plus beaux ornements; tu la verras parée de fleurs comme une fiancée, et les cris d'*hosanna!* retentiront sous nos voûtes. »

Guillaume s'était levé, et marchait à grands pas dans la salle; une sueur abondante couvrait ses traits décolorés; sa main se portait à son front comme pour en arracher une pensée importune; le tremblement de son corps dénotait une agitation extrême. Tout à coup il s'arrêta par un mouvement subit; et, saisissant le sifflet suspendu à son cou, il en tira un son aigre et perçant, qui alla se perdre en se prolongeant sous les voûtes des corridors et dans les spirales des escaliers; presque aussitôt des pas lourds se firent entendre et s'approchèrent des portes de la salle.

Guillaume Leclerc était redevenu sinon calme, du moins maître de lui; sa voix, cependant, avait conservé quelque chose de triste et de douloureux.

« Relève-toi, moine d'Obazine; je ne peux pas te suivre; je ne peux pas abandonner l'œuvre que j'ai commencée!... peut-être un jour me verras-tu frapper à la porte de ton monastère...

— Je suis bien vieux, répondit le moine!... qui sait si le Seigneur t'accordera le temps du repentir que tu laisses passer aujourd'hui.

— Silence, moine, mes hommes d'armes s'approchent d'ici; rien de ce que nous avons dit ne doit sortir de cette enceinte; pars en paix, et Guillaume se souviendra de toi pour épargner ses ennemis; je n'oublierai pas qu'un pauvre moine de quatre-vingts ans s'est mis à mes genoux, et a eu pitié de moi. Lorsque, dans ta sainte retraite, tu apprendras que Guillaume s'est montré miséricordieux, tu pourras penser que ton souvenir est venu se placer entre lui et quelque victime. »

Les hommes d'armes que leur chef avait appelés entrèrent dans l'appartement. « Claude, dit-il à l'un d'eux, vous allez conduire ce vieillard au delà de nos avant-postes, et songez bien que je vous rends responsable de tout ce qui pourrait lui arriver de fâcheux; j'entends qu'il ne soit ni molesté ni injurié; en un mot, qu'il soit traité avec respect. Vous m'avez compris, sortez et exécutez ponctuellement mes ordres; avant de vous mettre en route, vous m'enverrez le jeune garçon qui a été amené ce matin au donjon. »

Les routiers quittèrent l'appartement, emmenant le moine d'Obazine avec eux, et Guillaume Leclerc resta de nouveau seul, en proie à ses réflexions; mais cette fois il ne voulut pas demeurer dans l'obscurité; il y éprouvait comme une sorte de terreur morale que toute sa fermeté était impuissante à combattre. De grands flambeaux garnis de torches de cire furent apportés, et leur clarté ne fit que redoubler la tristesse de la salle où Guillaume se promenait vivement agité. Les lueurs vacillantes de ces torches prêtaient comme une sorte d'animation funèbre aux ombres qui se projetaient sur les murailles, et revêtaient de teintes rougeâtres les endroits qu'elles éclairaient, tandis que le sommet de la voûte, l'embrasure de la fenêtre, les coins de la chambre demeuraient dans la plus complète obscurité.

Guillaume cherchait à se fuir lui-même; la solitude lui était à charge; il aurait voulu du mouvement, le grand air et le bruit de la bataille, pour faire taire toutes ces voix inquiètes du remords que les discours du moine avaient excitées en lui. Il sentait si bien que le moment suprême de son existence était venu; qu'il lui revenait en la mémoire, ainsi qu'à un mourant, des souvenirs vifs et étincelants de toutes les années de sa jeunesse. Il avait beau vouloir se roidir contre ces importuns souvenirs, ils vibraient en lui, malgré lui, et le forçaient à comparer la tranquillité et le calme de ses jours de jeunesse avec les années écoulées depuis sa sortie du cloître. Il aurait voulu n'avoir jamais eu la force d'en sortir; il enviait ceux qui passent leur vie loin du tumulte des passions humaines; ces plantes solitaires et ignorées qui naissent, fleurissent et meurent après avoir eu leur part de soleil et de pluie, dans l'angle d'une ruine, sur le bord d'une forêt ou sur les cimes escarpées des montagnes; ces réflexions l'absorbaient de moment en moment dans une mélancolie plus sombre, lorsque l'arrivée de Hugues le rappela au présent, à sa position, à ses passions, à son désir de vengeance.

« Approchez-vous, dit Guillaume Leclerc

en examinant attentivement le jeune Hugues, et prenez un escabeau, nous avons à causer ensemble. »

Hugues paraissait plus âgé de deux ou trois ans qu'il ne l'était réellement ; toute sa personne extérieure indiquait la force et la santé comme le feu qui brillait dans ses grands yeux noirs était un sûr garant de son audace et de son intrépidité. Il ressemblait beaucoup plus à sa mère qu'à son père ; cependant il avait pris de celui-ci cette expression de figure rude et sauvage qui distinguait tous les Comborn. Loin d'être intimidé en se présentant devant Guillaume Leclerc, il montrait au contraire une audacieuse fermeté qui n'étonna point le chef des routiers, possesseur du secret de sa naissance, et qui savait combien il pouvait tenir cette qualité de son père et de sa mère.

« Vous ne me connaissez pas, Hugues, dit Guillaume en parlant bas et lentement ; cependant depuis votre enfance je me suis occupé de vous ; j'ai suivi de loin les progrès de votre jeunesse, j'ai attendu patiemment le jour où je pouvais vous rapprocher de moi, et quand ce jour s'est levé, je vous ai fait venir pour ne plus me quitter. Vous ignorez quels sont vos parents? jamais un mot de celui qui jusqu'à ce jour a passé aux yeux de tous pour votre père, n'a pu vous faire soupçonner à qui vous devez l'existence?... Répondez-moi franchement. »

Hugues répondit qu'il ignorait complétement le nom de ses parents, et que lui-même, trompé comme tous ceux qui le connaissaient, croyait être le fils du garde-chasse Gilles.

« Et vous sentez-vous du goût pour la profession de votre prétendu père, reprit Guillaume ?

— Oui, dit Hugues avec animation, j'aime les longues courses dans les forêts, la poursuite des loups pendant l'hiver ; j'aime aussi à escalader nos rochers pour demeurer pendant des journées entières les yeux tournés vers la plaine et vers les châteaux que j'y aperçois, et je me suis souvent senti envieux en voyant au loin passer des chevaliers couverts de leurs armures ou même simplement des hommes d'armes, se rendant au rendez-vous de leur seigneur.

— Ainsi, si vous aviez à choisir, vous préféreriez le métier de soldat à tout autre métier?

— Sans nul doute. Je ne demande qu'une épée et qu'un casque pour me mêler aux hommes armés que j'ai vus quelquefois passer, marchant sous une bannière armoriée.

— Soyez sans inquiétude, mon pauvre Hugues, je vous ferai donner des armes et un casque et vous marcherez bientôt vers quelque rendez-vous de bataille. Cependant je dois vous dire qui vous êtes et vous parler de votre avenir. »

Hugues se rapprocha de Guillaume Leclerc, espérant connaître enfin le secret de sa naissance.

« Vous appartenez, mon enfant, reprit le chef des routiers, à une famille noble, que des malheurs dont il m'est défendu de vous entretenir ont forcée à une sorte d'exil momentané, loin de leur pays, loin de leur château, loin de l'objet de toutes leurs affections.

— Mais le nom ?... le nom de cette famille ?... demanda Hugues avec impatience.

— Il m'est encore interdit de vous le faire connaître ; soyez seulement assuré que ce nom contentera vos espérances les plus ambitieuses ; ne me questionnez pas davantage en ce moment ; respectez un secret qui sera bientôt divulgué à vous comme à tout le monde. »

Guillaume Leclerc s'arrêta après ces paroles et parut réfléchir profondément. Hugues, la tête penchée en avant, le suivait du regard ; toute sa personne était attentive : un mélange d'espoir et de crainte se lisait sur sa figure.

Guillaume reprit bientôt :

« Votre famille, mon enfant, a des ennemis puissants, des ennemis acharnés à sa perte ; la guerre que nous faisons maintenant va décider entre eux et vous. Je vous ai fait appeler ; j'ai voulu que vous prissiez part à la bataille qui probablement se livrera demain, parce que, si nous sommes victorieux, notre victoire vous rend vos parents, votre fortune et votre nom, et qu'alors il faut que vous puissiez vous enorgueillir d'avoir contribué à cet heureux résultat. Vous sentez-vous l'audace et la force nécessaires pour combattre depuis le lever du soleil jusqu'au soir, enfermé dans du fer, parmi des hommes qui ne demandent ni n'accordent de merci?

— Je combattrai aussi longtemps que mes bras pourront soulever une épée ; je combattrai aussi longtemps que mon cheval pourra me porter, » répondit Hugues. Et en faisant cette réponse, une expression farouche et rude s'empreignit sur sa figure et la fit si semblable à celle de son père que le Brabançon Guillaume en fut frappé d'étonnement.

« Oui, oui, murmura-t-il en lui-même, il est bien le fils d'Archambaud ; c'est bien un enfant de cette race détestée! maudit soit-il comme je maudis son père. Puis il ajouta à haute voix :

— Je n'attendais pas moins du fils de votre père. Ce qu'il ne m'est pas défendu de vous dire, Hugues, c'est qu'il vous suivra des yeux, c'est que pendant le combat il jugera de votre courage et qu'il reconnaîtra son sang à l'ardeur qui vous animera.

— Et je ne peux pas le voir avant le jour du combat? je ne peux pas recevoir ma première épée de sa main ?

— Non, jusqu'à l'issue du combat que nous présenteront sans doute demain les vicomtes de Limoges et de Comborn, vous êtes mon écuyer et rien de plus. Vous vous tiendrez à mes côtés ; et soyez sans crainte, mon jeune compagnon, je vous conduirai au plus dru de la bataille, là où vous pourrez faucher en pleine moisson, si le cœur vous en dit. N'allez pas cependant éparpiller vos coups sur le vulgaire de nos ennemis ; réservez-vous pour le plus cruel de tous ceux qui ont poursuivi votre famille; réservez-vous pour l'homme que je désignerai à votre courroux. Lorsque je vous aurai désigné cet homme, Hugues, partez comme la foudre ; attaquez-le sans relâche ; frappez, frappez tant que votre bras aura de force ; ne lui laissez point de trêve, et quand vous le tiendrez blessé sous vos genoux, prenez votre poignard et enfoncez-le-lui dans la gorge, à la naissance du cou ; mais en le faisant, dites-lui qui vous êtes, nommez-vous fièrement, hardiment ; nommez-vous alors, seulement alors.

— Et quel est cet homme que je dois poursuivre à outrance, s'écria Hugues en respirant à peine, car il s'animait de l'animation de Guillaume, de la perspective d'un combat et de la pensée qu'il se trouverait en présence d'un ennemi de sa famille.

— Cet homme se nomme Archambaud de Comborn !... Archambaud l'assassin !... Haïssez-le, Hugues, comme votre plus mortel ennemi ; haissez-le d'une haine profonde, comme je le hais moi-même. Depuis bien des années je prépare la vengeance que je lui amène aujourd'hui, et pour cette vengeance, j'ai tout sacrifié, repos, honneurs, tout au monde ; Archambaud a déshonoré votre mère, Hugues !... »

Le jeune homme se leva ou plutôt bondit comme un faon relancé dans les hautes bruyères; le sang monta jusqu'à son front, tant était grande la violence de son émotion; ses jambes tremblaient sous lui, et ses dents, serrées avec fureur, laissaient à peine passer ses paroles entrecoupées.

« Maudit!... trois fois maudit!... Archambaud de Comborn ; quand il serait sous mon pied... renversé... sans défense... implorant ma pitié par les noms les plus sacrés!... au nom de Jésus, fils de Marie !... je lui plongerai mon poignard dans le cou, jusqu'à la garde, et je l'y retournerai en lui criant mon nom, puisque mon nom devra lui mordre le cœur!...»

Guillaume écoutait l'enfant de Guicharde avec une joie sauvage et cruelle; il le contemplait d'un œil fixe et se plaisait à augmenter la rage, le besoin de vengeance qu'il versait peu à peu, goutte à goutte dans son âme.

— « La voilà donc, cette vengeance que j'ai

tant cherchée, la voilà donc comme je l'ai voulue!... ô maintenant, quoi qu'il arrive, Guillaume Leclerc ne sera pas oublié. »

Alors, dans l'enivrement de son succès, le Brabançon ferma les yeux et se laissa entraîner à la volupté de savourer par avance le triomphe qu'il se préparait; mais lorsque Hugues, vaincu par son émotion, retomba assis sur son siége, Guillaume se réveilla, et prenant son bras il lui dit d'une voix pénétrante :

« Vous êtes un noble jeune homme; votre père sera fier de vous. Demain, mon enfant, demain les crimes seront expiés ! Demain vous saurez qui vous êtes ! N'ayez pas cependant trop d'ardeur; rappelez-vous que votre place est à mes côtés; que vous ne devez pas attaquer Archambaud ni le chercher avant que je vous en aie donné l'ordre. Mais aussi, quand je vous l'aurai donné, frappez le cavalier, frappez le cheval; arrivez sur lui au moment où il ne songera pas à se défendre; prenez-le par surprise, toute attaque est bonne contre un tel ennemi. Je serai près de vous. Je ne vous seconderai pas, car je ne veux pas mettre ma main dans votre vengeance, mais je vous encouragerai. Évitez de l'attaquer soit avec l'épée, soit avec la lance; Archambaud est plus exercé que vous au métier des armes, et il aurait bientôt raison de votre inexpérience, mais servez-vous de la hache ou de la masse d'armes; vous êtes jeune, leste, vigoureux, si vous parvenez jusqu'à lui, tout l'avantage sera de votre côté. Je vous donnerai ma propre hache qui coupe la maille comme si ce n'était que du filet de chasse.

— Donnez-moi une arme quelconque, répondit Hugues, et je saurai parvenir jusqu'à lui!... donnez-moi une arme!... jusqu'à demain c'est bien long!...

— Renfermez en vous-même votre juste haine; il ne suffit pas de vouloir vaincre un ennemi, il faut encore, par tous les moyens, s'assurer la victoire; il faut savoir dompter sa colère, quelque juste qu'elle soit, Hugues, et se présenter au combat calme et réfléchi. Archambaud est un vaillant homme de guerre;

il sera entouré d'une nombreuse escorte; ne vous précipitez pas en insensé sur le groupe de chevaliers et d'écuyers qui se tiendra à ses côtés, vous n'arriveriez pas jusqu'à lui; laissez-moi le soin de disperser son entourage, et quand il sera seul, alors à vous, à vous seul le droit de le toucher. Il vous appartient, à cause de votre mère; son sang ne peut couler que sous votre main. En abattant cet orgueilleux vicomte, vous vengez votre famille, mon enfant, et vous assurez la victoire au parti pour lequel vous allez combattre; mais il faut l'abattre, le frapper à la tête comme on frappe les taureaux, le saigner au gosier comme on les saigne, et ne l'abandonner que quand ses yeux seront devenus blancs. Vous sentez-vous tout à la fois assez de prudence et assez de courage pour en agir ainsi? avez-vous assez d'empire sur vous-même pour attendre que je vous dise : frappez?

— J'attendrai, répondit Hugues; mais mon père, quand me le ferez-vous connaître? à quel moment me sera-t-il permis de me jeter dans ses bras ?

— Votre père, Hugues ! et Guillaume se rembrunit en prononçant le mot de père : je vous le ferai connaître au moment où vous tiendrez sous votre genou victorieux la poitrine d'Archambaud de Comborn, lorsque votre dague de miséricorde aura donné un large passage au dernier soupir de cet homme infâme ; alors je vous montrerai votre père ; alors vous pourrez vous jeter dans ses bras, car la vengeance sera accomplie comme elle devait l'être, par vos mains, et rien ne s'opposera plus à ce que le père et le fils soient réunis !

— Et vous me promettez ce combat pour demain ? demanda Hugues.

— Oui, pour demain, répondit Guillaume. »

Il y eut après cette conversation un quart d'heure de silence entre le Brabançon et l'enfant de Guicharde. Tous deux songèrent à cette journée du lendemain, qui, pour l'enfant, devait lui ouvrir les portes d'une nouvelle existence, et pour l'homme fait, devait clore sa destinée. Tous deux, par des motifs différents, étaient impatients de voir se lever le soleil, et cependant ils sentaient en leur âme comme une sorte de trouble et d'oppression dont ils ne pouvaient parvenir à chasser la funeste puissance. Hugues avait rêvé une autre entrée dans la vie; la gloire ne lui était point apparue revêtant la casaque du bourreau. Il souffrait de livrer son cœur, vierge de toute passion, à celle de la vengeance. Quelque impétueux que fût son sang, quelque semblable à son père que sa naissance l'eût créé, si jeune encore, ce qu'il éprouvait d'ardeurs impétueuses, de passions farouches, l'effrayait par l'impétuosité même avec laquelle elles se développaient. Hugues avait seize ans. A cet âge on ne se lance point sans effroi dans une carrière de meurtre et de sang.

Guillaume, au contraire, couronnait une longue existence de meurtres et de souillures par l'accomplissement d'une infernale vengeance. Ce qu'il avait souffert se représentait vivement à son esprit ; et il se sentait tressaillir de satisfaction et d'horreur en analysant son action. Il se rappelait alors les jours de sa jeunesse, où la pensée d'une si abominable trahison l'eût fait rougir de honte. Il cherchait vainement à s'étourdir sur la profondeur de son crime, il entendait bourdonner à ses oreilles les noms de lâche meurtrier, de vil brigand; ou vainqueur ou vaincu, il n'en demeurait pas moins infâme. Cependant malgré ces réflexions, il ne chancelait pas dans sa résolution; il ne désirait vivre que pour l'accomplir; il se faisait horreur à lui-même sans que nulle pitié pour ses victimes entrât un moment dans son cœur.

La soirée s'avançait. Guillaume et Hugues furent tirés de leur rêverie par l'arrivée d'un courrier de Curbaran, chargé de prévenir Guillaume que des feux de signaux se propageaient sur les montagnes, et qu'il venait d'apercevoir les coureurs de l'armée ennemie établis dans une maison abandonnée, dont ils avaient fait un corps de garde.

« C'est bien, répondit Guillaume au courrier ; retournez vers Curbaran, et dites-lui d'exécuter ponctuellement ses instructions. »

Le courrier sortit et Guillaume ajouta :

« Hugues, demain nous serons à cheval avant le jour ; l'heure de la nuit s'avance, allez prendre un peu de repos, il le faut, pour que vous soyez fort demain et que votre bras ne manque pas à votre courage. Pendant votre sommeil, j'inspecterai moi-même nos hommes d'armes et tous nos postes ; allez, calmez-vous ; vous me retrouverez demain matin. »

Guillaume et Hugues se séparèrent, et toute la nuit fut employée par le chef des Brabançons à disposer son armée pour la journée du lendemain. Il présida à tous les détails les plus minutieux des nombreux préparatifs nécessaires, avec un grand calme et une parfaite liberté d'esprit ; seulement ses officiers remarquèrent sur sa figure, avec plus de pâleur qu'à l'ordinaire, une expression de tristesse plus grande.

CHAPITRE XIV.

L'ARMÉE DES CONFÉDÉRÉS LIMOUSINS.

La nuit qui précéda la matinée du 27 avril 1177 fut employée par les Limousins confédérés à recueillir les différents contingents des villes et des villages, qui, sur le bruit de leur expédition, s'étaient mis en marche pour s'y joindre. Tulle envoya l'élite de ses soldats qui arrivèrent à minuit et furent incorporés dans l'avant-garde, commandée par Adémar V, vicomte de Limoges. Les hommes valides de Saint-Germain-les-Belles vinrent également demander à prendre place parmi les vengeurs du pays, et le corps d'Adémar les recueillit. A chaque pas que faisait l'armée, on voyait accourir des hommes hâves maigris par la faim et par la souffrance, qui sortaient des bois, descendaient du sommet des montagnes, où depuis longtemps les exactions des routiers les avaient forcés à chercher un refuge. Tous ces hommes étaient mal armés, la plupart ne possédaient que des faux emmanchées à l'envers ou des piques formées d'un morceau de fer attaché à un fort manche de bois ; les bûcherons apportaient leurs haches ; aucun d'eux n'avait d'armes défensives.

Cependant leur nombre était si grand, ils étaient animés d'une telle ardeur et ils avaient tant de malheurs et d'outrages à venger sur les Brabançons, que toute mal armée que fût cette troupe, elle n'était point, malgré cela, à dédaigner. La présence de l'évêque de Limoges et de l'abbé de Saint-Martial produisait un grand enthousiasme dans les rangs des soldats limousins ; les exhortations que faisait l'abbé de Saint-Martial, redoublaient leur courage et les rendaient indifférents au danger. Après chacune de ces exhortations, la haine contre les Anglais, qui avaient jeté sur le pays cette lèpre de routiers, prenait une expression plus vive, et lorsque dans les dernières paroles qu'il adressa, la veille de la bataille aux troupes rassemblées, les chevaliers et les barons l'entendirent, s'écriant :

« Jusques à quand, Seigneur Dieu des ar-
« mées, serez-vous courroucé contre nous?
« jusques à quand nous repaîtrez-vous du pain
« de tristesse et nous donnerez-vous breuvage
« de larmes en grande mesure ? Regardez-
« nous, Seigneur, regardez ce pauvre peuple
« abandonné à ses ennemis ; regardez - nous
« tous, car tous nous avons souffert d'horri-
« bles misères. Les Saxons retiennent prison-
« nière dans leur île du nord, l'aigle de notre
« Aquitaine, notre souveraine, dont ils usur-

« pent les droits, dont ils frappent et dépouil-
« lent les sujets ; rendez, rendez cette pauvre
« captive à ses villes bien-aimées ; elle souffre,
« elle languit, enlevée à la terre de ses frères ;
« l'entendez-vous s'écrier dans sa douleur ;
« l'entendez-vous s'écrier en gémissant :
« Hélas! mon exil se prolonge ; je suis chez la
« plus barbare des nations ?

« Le Seigneur a écouté tant de voix qui gé-
« missent, mes frères, il a permis que de toute
« part de courageux chevaliers, d'intrépides
« soldats vinssent se ranger sous la même ban-
« nière, pour marcher contre les alliés des
« Saxons, contre les Brabançons qui, depuis
« trop longtemps, dépouillent nos terres,
« consomment le travail de nos mains, dévo-
« rent la substance de vos enfants et ravissent
« l'honneur de vos filles et de vos femmes.
« Marchez donc, vous tous, chevaliers et hom-
« mes d'armes ; avancez-vous sans crainte, le
« Dieu de bonté recevra dans sa miséricorde
« ceux qui succomberont ; allez, la guerre est
« sainte, et que votre voix, comme la tem-

« pête qui retentit, passe la mer et parvienne
« jusqu'aux oreilles de notre duchesse, pour
« lui apprendre que les hommes de son duché
« n'ont pu supporter la domination saxonne
« et l'insolence saxonne, et qu'ils ont préféré
« mourir en hommes libres. Marchez, mes
« frères, en détruisant les Brabançons, vous
« ôtez au roi Henri les plus cruels instruments
« de ses guerres. »

Alors toute cette grande assemblée n'eut qu'une voix pour répondre : Mort aux Brabançons, mort aux Anglais ; guerre sans quartier, sans miséricorde. Les passions qui agitaient cette foule d'hommes presque sauvages, rendus furieux par l'incendie de leurs demeures, par la faim, par la perte d'une partie de leurs familles, et souvent par le déshonneur de leurs femmes et de leurs filles, n'étaient point de ces mouvements désordonnés et tumultueux qui se soulèvent un moment pour retomber presque aussitôt ; leur colère avait besoin de sang pour être apaisée. A toutes les causes de haine dont il vient d'être question, les Limousins joignaient une autre cause toujours nationale chez ces malheureuses populations; ils allaient avoir à combattre l'homme du Nord, que leurs pères avaient combattu lorsque Pépin transporta ses Franks de l'autre côté de la Loire; la haine de race n'était point éteinte; l'homme du Midi joignait à ses maux présents le souvenir des maux qu'il avait soufferts dans les premières invasions des barbares du Nord. Le roi d'Angleterre et ses Saxons froissaient par leur orgueil les nobles et les habitants des campagnes; aussi était-ce une guerre sainte que celle qui ralliait les seigneurs et les serfs de tant de vicomtés, de châtellenies, de villes, de hameaux dans une même pensée, contre l'ennemi commun.

Pour montrer le caractère religieux et national de leur entreprise, les confédérés avaient adopté un signe que tous portaient, les uns sur leur armure de guerre, les autres sur leur pauvre vêtement de bure : la croix rouge; la croix des croisades reparaissait. Le même sentiment qui avait précipité l'Occident vers le tombeau du Christ, animait les esprits, car il s'agissait également de délivrer l'Église que ne respectaient pas les bandes d'aventuriers du roi d'Angleterre; il s'agissait de la sauver de sa ruine. De tous côtés fumaient des couvents et des églises incendiées; de tous côtés le sang des prêtres répandu demandait vengeance, et dans les cloîtres de femmes, les vierges du Seigneur, les épouses du Christ, rougissantes de honte, n'osaient plus lever leurs regards vers leur céleste époux.

Dans tout le Limousin, la haine contre les Anglais était portée au plus haut point. Bertrand de Born ranimait par ses sirventes le courage des barons; [1] les prêtres, du haut

[1] Pus Ventedorn, e Comborn e Segur
E Torrena, e Montfort et Guordon
En fag accort ab Peiregore et jur,
E li borges si claven d'eviron,
M'es bon e belh hueymais qu'ieu m'entremeta
D'un sirventes per elles aconotar
Qu'ieu no vuelh ges sia mia toleta,
Per quieu Segurs non i pogues estar.

Ah ! Puiguillems, e Clarens e Granolh

de la chaire, excitaient les peuples des villes et des campagnes. L'Anglais et le Brabançon, le routier, le cotereau ne faisaient qu'un seul et même individu : n'avait-on pas entendu dire à ces derniers qu'ils agissaient à l'instigation du

> E san Astier, molt avetz gran honor,
> E ieu mezeis qui connoisser la mvol,
> E a sobrier Engolesmes maior,
> Quen charretier que guerpis sa charreta
> Non a deniers, ni no pren ses paor;
> Per qu'ab honor pretz mais pauca terreta
> Qu'un emperi tener a dezhonor.

Puisque Comborn, Ventadour et Ségur,
Puisque Turenne et Gourdon et Montfort
Jurent la ligue avec le Périgord,
Puisque bourgeois ferment à clef leurs murs :
C'est bel et bien qu'aujourd'hui je me mêle
D'un sirventois pour les encourager, etc., etc.

Ah ! Pinguilhem, ah ! Clarens et Grugnel (plutôt Gimel)
Et saint Astier, quels titres ! quel honneur !
Qui veut l'entendre, écoute mon appel ;
Brave Angoulême, illustre est ta valeur !
Marchand forain cachant son attelage,
Perd les deniers, rien ne prend s'il a peur.
Bien mieux vaut gloire et petit héritage
Qu'un grand empire acquis par déshonneur.

prince Richard ? que ce fils du roi Henri les encourageait à piller, à incendier, à ruiner le pays, non-seulement pour se payer de leur solde arriérée, mais encore pour empêcher le Limousin de songer à se soulever contre son autorité ?

Ainsi les trois degrés de l'échelle sociale, le clergé, la noblesse et le peuple, marchaient d'accord en cette occasion ; pour un moment les rancunes particulières faisaient silence, et des ennemis acharnés se trouvaient côte à côte sans songer à se reprocher les causes de leurs divisions. La croix rouge avait fait des frères de tous ceux qui l'avaient adoptée ; ils marchaient sous les mêmes bannières, poussaient le même cri de bataille : Guerre aux Brabançons, guerre à l'Anglais, et pour le moment n'avaient qu'une même idée, l'extermination de ces bandes de mécréants que l'Angleterre avait vomis sur leur patrie.

Du haut des montagnes, des anfractuosités des rochers, des bourgs, des forêts, on voyait sortir des troupes de femmes et d'enfants blêmes et décharnés qui répétaient le cri de guerre des soldats, qui les bénissaient comme des libérateurs, en proclamant lâches les hommes qui ne se joindraient point à l'armée des nouveaux croisés.

Parmi les chevaliers qui s'étaient réunis à l'armée commandée par Adémar V, Archambaud de Comborn, Olivier de Lastours et Eschivat de Chabanais, on distinguait les seigneurs d'Auberoche, de Tourtoyras, de Roffignac, d'Ayen, de Cosnac, de Montignac, et celui de la Porcherie, à la tête des gens de Saint-Bonnet; puis encore les seigneurs d'Aubusson, de la Roche-Canilhac, de Noailles, de Saint-Chamans, de Charnac, de Lasteyrie, de Noailhac, et le chevalier Ithier de Visio [1], vaillant à la guerre, renommé pour son courage et son expérience.

Une troupe si nombreuse de chevaliers commandant à une population soulevée en masse par l'exaspération la plus légitime, don-

[1] Toutes ces familles sont comptées parmi les plus anciennes et les plus illustres du Limousin.

nait bon courage aux vieillards, aux femmes et aux enfants, qui poussaient des acclamations de joie et d'espérance en la voyant passer. Les églises étaient remplies par ceux qui n'avaient pu suivre le corps d'armée, et qui adressaient au ciel de ferventes prières pour le succès de cette entreprise. Les couvents faisaient des processions dans l'enceinte de leurs murailles, et toutes les hauteurs qui dominent la plaine de Brive étaient occupées par des messagers chargés d'aller porter au loin la nouvelle d'une défaite ou d'une victoire.

La jonction des différents corps s'était opérée pendant la nuit, sans avoir été contrariée par une attaque des Brabançons; ces pillards n'avaient pas bougé des environs de Malemort, où ils avaient mis leur butin à l'abri. L'armée des confédérés limousins occupait une forte position sur le versant des collines de Donzenac; [1] et toute la nuit s'y passa à se reconnaître et à classer chaque nouvelle troupe

---

[1] Donzenac, bourg situé sur la grand'route qui conduit d'Uzerches à Brive.

d'arrivants dans un des quatre grands corps organisés pour l'attaque. Plusieurs tentes éparses sur les prairies indiquaient la demeure des chefs, et leurs écussons, placés devant les tentes, faisaient reconnaître leurs divers quartiers et ceux qui les occupaient.

Devant une de ces tentes simples et sans ornement, les deux lions de Comborn flottaient au souffle de la nuit, brodés sur une large bannière attachée à un poteau, près duquel plusieurs hommes d'armes veillaient attentivement. Deux d'entre eux, détachés en sentinelles avancées, occupaient une petite éminence d'où l'on pouvait découvrir toute la plaine jusqu'aux abords de Brive. La nuit était claire et sereine ; aucun nuage, pendant tout son cours, n'interceptait la lumière que la lune versait sur la terre, mais comme elle venait de se coucher, et que l'approche du matin faisait déjà pâlir les étoiles, le froid devint plus vif, et les deux hommes, placés sur le mamelon, s'enveloppèrent plus soigneusement dans les manteaux de peaux de chèvres qui recouvraient leurs épaules et marchèrent en frappant la terre de leurs pieds pour rendre quelque chaleur à leurs membres engourdis.

« La nuit est froide, dit un de ces deux gardes; j'aimerais mieux être couché bien chaudement dans mon lit, ou même veiller dans l'angle de la grande tour de Voutezac, que d'être exposé au vent sur le versant des collines de Donzenac.

— Tu te plains toujours, Bernard, lui répondit son compagnon; la nuit n'a-t-elle pas été belle et ne nous promet-elle pas une journée magnifique? Vois ces légers brouillards comme ils vont se perdre dans les ruisseaux qui séparent les montagnes; le soleil aura ce matin une belle ceinture à son réveil. Crois-moi, mon camarade, dans quelques heures tu ne te plaindras plus du froid; les routiers de Malemort se chargeront de nous réchauffer.

— Oui, oui, maître Pierre, notre enragé vicomte se jettera comme à son ordinaire au plus dru de la mêlée; car il aime les coups et les combats plus qu'aucun homme au monde.

Il était d'une belle colère hier vers dix heures de la nuit, lorsque cette grande femme aux cheveux noirs est arrivée comme une folle jusque dans sa tente; nous l'entendions de notre corps de garde pousser non pas des cris, mais de véritables hurlements de bête fauve ; sais-tu quelle est la cause qui avait pu le faire entrer dans une telle colère ?

— Si je la sais, ami Bernard, sans doute que je la sais, puisque j'étais tout contre la tente lorsque cette grande femme noire, qui n'est autre que Guicharde, la fille de l'ancien garde Èble, que tu as peut-être connu, est venue se précipiter toute haletante sur un escabeau devant le vicomte de Comborn.

— Comment, c'était Guicharde, la maîtresse du vicomte Archambaud ? reprit le veilleur Bernard, je ne l'ai pas reconnue.

— Ni moi non plus, dans le premier moment, tant ses traits étaient bouleversés, tant son regard était terrible ; mais sa fureur, son animation, la rage dont elle était enflammée, tout cela n'est rien, en comparaison de la fureur du vicomte Archambaud quand il eut entendu les nouvelles qu'elle lui apportait.

— Quelles nouvelles? demanda Bernard en s'arrêtant et en se rapprochant de Pierre.

— Tu te souviens de ce moine qui nous a demandé son chemin pour aller à Comborn?... de ce moine que nous trouvâmes au gué du Saillant et auquel je servis de guide...

— Si je me souviens du moine?.. parfaitement ; à telles enseignes que je te dis : Pierre, prends garde à toi; ce moine-ci m'a toute la mine d'un diable d'enfer; avec cela il s'était tout à coup montré entre nous deux sans que nous eussions entendu le pas de son cheval sur le gravier.

— Eh bien ! tu ne te trompais pas de beaucoup, maître Bernard, si ce moine n'est pas le diable, c'est toujours un de ses favoris. J'ai conduit au château de Comborn, et le vicomte Archambaud y a gardé enfermé avec lui pendant deux heures dans son cabinet... devine qui?...

— Quelque sorcier sans doute, répondit Bernard.

— Non, mon brave veilleur de Voutezac, ce n'est pas un sorcier, mais c'est le fameux Leclerc en personne, le chef de ces maudits routiers que nous allons attaquer.

— Qui? Leclerc?... le capitaine Leclerc?.. l'assassin des prêtres?... le pillard Leclerc?...

— Oui, le chef des pillards et des bandits!.. il est venu à Comborn et il en est sorti, accompagné par le vieux sommelier du château; le vicomte Archambaud l'a gardé deux heures dans la grande salle du donjon, et il l'a laissé partir. Il paraît que ce damné Leclerc avait arrêté un moine d'Obazine que le vicomte Archambaud envoyait chercher par l'écuyer Jehan, et c'est au moyen du froc de ce moine qu'il s'est introduit à Comborn.

—Voilà un hardi coquin, par saint Étienne! s'écria Bernard, et je conçois que le vicomte Archambaud se soit mis dans une furieuse colère!

— La colère de notre vicomte, reprit le

veilleur de Comborn, ne vient pas seulement de l'audace de ce routier; Guicharde a prononcé d'autres paroles que je n'ai pas pu entendre; mais c'est alors qu'a éclaté la fureur du vicomte Archambaud. Il est sorti sur le seuil de sa tente, la hache à la main, les cheveux hérissés comme les soies d'un sanglier; l'écume lui sortait par la bouche; il demandait son cheval et prononçait des mots sans suite, ainsi que le ferait un homme hors de son bon sens; je vivrais encore cent ans, que jamais je n'oublierai sa figure. Guicharde a eu toutes les peines du monde à le calmer un peu; il la repoussait d'abord et brandissait sa hache autour de lui avec une force terrible. En cet instant nos coureurs ont amené un moine, mais cette fois un véritable moine d'Obazine, qu'ils avaient arrêté comme il venait de franchir les derniers postes des routiers; ce moine est entré dans la tente avec le vicomte et Guicharde; peu à peu l'orage s'est apaisé et je n'ai plus rien entendu.

— Est-il vrai que les Brabançons aient

pendu l'écuyer Jehan aux créneaux de la grande tour de Malemort?

— Ce n'est que trop vrai, mon brave Bernard, et tel est le sort qui nous attend si nous tombons entre leurs mains.»

Bernard ne parut nullement satisfait de cette assurance et regretta plus vivement encore son bon lit, le château de Voutezac, et la grosse tour dans laquelle il faisait sa demeure ordinaire.

— « Tu ne me parais pas satisfait de ton nouvel emploi d'homme d'armes et de l'honneur que tu vas avoir de combattre sous les ordres du vicomte Archambaud?

— J'avoue, murmura Bernard, que je n'aime point tous ces apprêts de bataille; la plaine ne me convient pas; je préfère attendre l'ennemi derrière de bonnes murailles et des fossés profonds.

— Mon *pauvre!* reprit Pierre, tu ne sais pas ce que tu dis; ce soir, si tu n'es ni blessé,

---

¹ *Mon pauvre :* expression familière et amicale employée fréquemment dans le Limousin.

ni mort, tu ne voudras plus faire d'autre métier que celui d'homme d'armes.

— Non, non, camarade, blessé ou bien portant, je n'aspire qu'à revoir Voutezac, ma ménagère, le coin de son foyer en hiver et les bonnes châtaignes blanchies qu'elle sait préparer et les excellentes crêpes de sarrasin qu'elle fait frire. Ce moine qui n'est autre que le capitaine Leclerc, me revient à l'esprit malgré moi; et je ne peux pas m'empêcher de croire qu'il y a un peu de sorcellerie dans tout cela; je n'aime pas les sorciers, et je prie tous les soirs monseigneur saint Viance, la benoite sainte Vierge et monseigneur Jésus-Christ de vouloir bien me préserver de leurs embûches.»

Et Bernard fit le signe de la croix.

« Que peux-tu craindre des sorciers? ne portes-tu pas sur ta poitrine la croix rouge, bénite par le saint évêque de Limoges? ce digne vieillard n'est-il pas avec notre armée; et l'abbé Isambert n'élève-t-il pas au milieu de nous la fameuse croix que Guillaume Vidal a rapportée de la terre sainte?

— Oui... oui... je sais tout cela, et pourtant... je ne suis pas rassuré.

— Qui peut t'effrayer? qui te trouble? demanda Pierre.

— En sortant de chez moi pour venir ici, répondit Bernard, j'ai rencontré un prêtre, et c'est un mauvais présage!... Puis, en tournant Saint-Viance, trois corbeaux se sont enlevés à ma gauche... mon chien a hurlé toute la nuit dernière... et comme je mangeais ma bouillie de maïs, j'ai cassé mon plat...

— Ce sont sans doute de mauvais présages, ami Bernard, mais cependant ils ne sont pas décisifs; je te conseillerai, quand nous passerons la Corrèze, de jeter trois brins d'herbe dans l'eau, et s'ils surnagent tous les trois, tu n'as rien à craindre.

— Je suivrai ton conseil, Pierre, je le suivrai, car les deux plus vieilles femmes de Voutezac, la mère Gauberte et ma tante Étiennette, m'ont souvent dit que c'était un moyen infaillible de consulter son sort. Mais où irons-nous passer la Corrèze?

—Devant Brive et sur ses ponts ; nous rallierons les soldats de cette ville, et nous attaquerons Malemort de bonne heure : tout sera fini pour l'heure du souper.

— Dieu le veuille! » murmura Bernard.

Et les deux amis reprirent silencieusement leur faction, jetant de temps en temps un regard vers la plaine et frappant la terre de leurs pieds engourdis.

Enfin, avant le jour, les tentes des chefs furent levées ; les différents corps se formèrent en ordre de bataille et toute l'armée descendit vers Brive dans le plus grand silence. Plus ces vaillants hommes étaient résolus au sacrifice de leur vie pour assurer le repos et la tranquillité de leur pays, plus cependant ils regardaient avec calme les chances probables du combat qui allait s'engager. Ils savaient les Brabançons nombreux, exercés au métier des armes et résolus dans l'action. De toute façon, l'attaque et la défense devaient être opiniâtres et coûter bien du sang de part et d'autre ; beaucoup de ceux qui s'élancent bien portants aux premières lueurs du jour, seront navrés de mort avant les heures de la soirée ; beaucoup ne reverront pas les lieux qui les ont vus naître. Toutes ces pensées, qui traversaient l'esprit de la foule, la rendaient silencieuse, mais non pas moins courageuse ; ceux qui tomberont seront comptés comme martyrs de la patrie ; d'ailleurs l'évêque de Limoges a donné à tous l'absolution de leurs fautes et sa bénédiction paternelle.

CHAPITRE XV.

LA BATAILLE DE MALEMORT.

Le soleil commençait à dorer les cimes des montagnes qui font à la ville de Brive une large ceinture, lorsque l'armée des confédérés limousins, augmentée d'un corps assez nombreux de bourgeois de cette ville, déboucha par les ponts qui s'ouvraient sur le chemin de Tulle, pour venir vers Malemort chercher les compagnies des Brabançons. Les vallées étaient encore plongées dans ce calme et cette espèce de clair-obscur du matin, qui serait tout à fait le jour, si le soleil déjà levé avait pu, franchissant les montagnes dont il n'éclaire que les sommets, venir jeter son vernis doré sur le vert sombre des prairies. La température s'était considérablement adoucie depuis la veille; la transition de l'hiver au printemps s'opérait brusquement.

Les cadavres des routiers surpris dans une expédition de pillage se balançaient au souffle de la brise du matin, accrochés aux murailles de la ville; mais, spectacle horrible, un nombre double de cadavres leur servait de pendant à quelques centaines de pas des fossés, et ces cadavres étaient ceux de citoyens de Brive, retenus prisonniers par les Brabançons depuis quelques semaines. L'armée à ce spectacle fut saisie d'horreur et d'indignation; un même cri de vengeance sortit de toutes les bouches, s'élança de tous les cœurs et l'ardeur des chefs et des soldats ne fit que s'accroître.

Plus les Limousins s'approchaient de Malemort, plus le pays prenait un aspect désolé ; sur tous les coteaux les vignes avaient été arrachées, et dans les vallées les cabanes brûlées, les arbres coupés indiquaient la présence d'un cruel ennemi. L'ordre suivi jusque-là par l'armée fut changé ; les quatre corps occupèrent une ligne formée par d'épais bataillons de montagnards et de manants de la plaine; entre ces bataillons, les chevaliers couverts de leurs cottes de mailles se tenaient prêts à charger les Brabançons ou à repousser les efforts de leur cavalerie. Quant aux archers, ils avaient été placés en tête du corps principal, comme devant nos armées modernes on jette un rideau de tirailleurs pour commencer l'action, sonder le terrain et éclairer la position.

Le contingent fourni par la ville de Brive se composait d'un corps assez nombreux de bourgeois, bien vêtus et bien armés, commandés par Delga[1], brave et intrépide cheva-

[1] *Delga.* Brave chevalier qui commanda plusieurs fois les

lier, auquel les consuls avaient confié cet honneur. Ils s'avançaient fièrement et en bon ordre, rangés sous la bannière de leur ville, sur l'un des côtés de laquelle étaient brodés trois épis de blé formant trois faisceaux, et sur l'autre côté, le buste de saint Martin avec la légende : *Sanctus Martinus, martyr, Brivæ.* Indépendamment de ce corps remarquable par sa bonne tenue et l'attitude martiale des hommes qui en faisaient partie, Brive avait encore fourni un corps nombreux d'archers, pris parmi les gens de métier, et ces archers, renommés pour leur habileté au tir de l'arc, brûlaient de se mesurer contre les archers anglais, dont les Brabançons comptaient un grand nombre dans leurs rangs.

Au centre de l'armée, le vicomte de Limoges et le vicomte de Comborn commandaient et dirigeaient principalement les chevaliers destinés à prendre une part active au combat; car la cavalerie, à cette époque

troupes de Brive, et fut tué en défendant cette ville contre le vicomte de Turenne, en 1183.

reculée, était seule réputée avoir quelque valeur; et ce ne fut que beaucoup plus tard que l'on commença à comprendre de quelle importance pouvait être l'infanterie. Le vicomte de Limoges et celui de Comborn gardaient autour d'eux une troupe d'élite, composée de chevaliers attachés plus particulièrement à leur personne, et leurs bannières flottaient au vent, portées par leurs parents les plus proches.

Sous l'étendard de Limoges, d'or à trois lionceaux de gueules, et derrière Adémar, se pressaient Talleyrand de Montignac, de Noailles, Raymond d'Aubusson, Saint-Chamans, Hugues de Noaillac et beaucoup d'autres chevaliers dont les noms ne sont pas parvenus jusqu'à nous.

Le vicomte de Comborn s'enorgueillissait de ses trois fils, Elie, Archambaud et Assalit, que suivaient les chevaliers de Tourtoyras, de Lasteyrie, de la Porcherie, d'Ayen, de Cosnac et Ithier de Visio. Archambaud portait la bannière de Comborn, d'or à deux lions passant de gueules ; puis venaient une foule de chevaliers et d'hommes d'armes, tous parfaitement montés et armés d'armes offensives et défensives.

Olivier de Lastours et Eschivat de Chabanais commandaient les deux ailes, où se trouvaient peu de chevaliers, mais un grand nombre de robustes montagnards, habitués à toutes les fatigues et durs comme les rochers de leurs montagnes.

Depuis le moment où il était sorti de sa tente, Archambaud n'avait prononcé d'autres paroles que celles nécessaires au commandement ; son teint, habituellement assez animé, s'était revêtu d'une pâleur mortelle ; ses gros sourcils contractés et ses yeux, plus sauvages encore que de coutume, achevaient de lui donner une physionomie si rude et si sombre que nul ne se trouvait assez hardi pour lui faire une question. Parfois, dans un mouvement nerveux, il excitait de l'éperon son vigoureux coursier, puis il le raccourcissait de la bride, en lui imprimant une brusque saccade. La vue des potences auxquelles étaient accrochés les corps des malheureux Brivistes produisit une vive impression sur lui ; un moment sa figure se colora du rouge le plus foncé, et il voulut examiner de près chacun des cadavres ; celui qu'il craignait d'y trouver n'était pas parmi eux.

Enfin à six heures moins un quart, l'armée limousine aperçut les tours de Malemort ; et devant leurs murailles vingt compagnies de Brabançons se montrèrent rangées en bon ordre et disposées avec habileté sur un terrain qui semblait avoir été créé pour servir de théâtre à un combat. Leurs archers occupaient un monticule situé un peu en arrière des corps de cavaliers et de gens de pied, qui formaient une ligne dans une vaste prairie appuyée à des bois et traversée par un petit ruisseau, sur lequel des ponts formés de planches avaient été ménagés. Ces corps d'archers alimentaient le rideau de tirailleurs chargés de disputer le terrain qui séparait les deux armées, aux efforts des archers limousins, et plus tard ils devaient, abrités derrière la forte ligne des cavaliers et des gens de pied, inquiéter par leurs flèches les attaques des Limousins, et porter le désordre dans leurs rangs.

Guillaume Leclerc, placé au centre de son armée sur un tertre de gazon, avait autour de lui une nombreuse escorte de cavaliers, parmi lesquels on pouvait compter quelques chevaliers indignes de ce nom, gens sans honneur, pillards accourus de tous les pays; il commandait de cette éminence à ses principaux lieutenants, Sancion de Sarranes et Curbaran, placés aux deux extrémités de la ligne formée par le développement des vingt compagnies. Chaque compagnie avait en outre son chef particulier, qui la gouvernait et la commandait, sous la direction suprême de Leclerc et de ses deux lieutenants.

Au moment où elles s'aperçurent à peu de distance l'une de l'autre, les deux armées eurent comme une sorte de tressaillement qui s'exprima par un sourd murmure de voix et un bruit d'armes froissées; puis ce murmure et ce bruit s'éteignirent peu à peu, et le plus grand silence régna pendant une seconde. Les archers, éparpillés sur toute la longueur de la ligne de bataille, commencèrent à se grouper par pelotons et à venir rejoindre la place qui leur avait été assignée. Les archers brivistes souffrirent des pertes assez sensibles dans ces premières rencontres; leurs arcs, moins bons, d'un bois moins dur et moins élastique, ainsi que leurs flèches moins longues, leur donnèrent un désavantage marqué contre les archers anglais, plus exercés, et d'ailleurs, il faut le dire, plus habiles, car l'Angleterre a été de tout temps renommée pour l'habileté de ses archers. En regagnant le corps de cavalerie et de gens de pied auxquels ils avaient servi d'éclaireurs, on les vit emporter une vingtaine de morts, dont ils ne voulurent point abandonner les cadavres, tandis qu'un plus grand nombre de blessés se traînait péniblement loin du champ de bataille.

« Archambaud, dit Adémar de Limoges en abordant le vicomte de Comborn, il me semble que mes pauvres archers de Brive ont souffert dans leur joute contre les archers saxons. Pensez-vous qu'il soit temps de les relever sur le terrain où ils escarmouchent depuis une heure? Ne faudrait-il pas les remplacer par les manants et les montagnards que commande Eschivat de Chabanais? on pourrait les lancer en avant pour essayer de rompre la ligne que nous présentent les Brabançons. »

Archambaud se redressa sur ses étriers, examina au loin la situation de la plaine, puis il répondit :

« Les fiers bourgeois de Brive ont trouvé à qui parler et je n'en suis pas marri ; parce que ces braves boutiquiers ont des murailles et des tours à leurs villes comme nous en avons à nos châteaux, ils se croient des chevaliers!... Je ne suis pas d'avis, messire Adémar, de faire attaquer par un corps séparé et d'attendre son succès ou sa fuite pour nous décider; si ce corps est repoussé, une panique générale peut s'ensuivre ; ainsi donc pas d'attaque partielle ; profitons de l'ardeur qui anime notre monde et marchons en avant comme faisaient nos pères, en poussant de grands cris, en frappant de grands coups. »

En ce moment Olivier de Lastours et Eschivat de Chabanais envoyèrent dire à leurs deux collègues, qu'ils avaient la plus grande peine à retenir leurs soldats dans les rangs et à les empêcher de s'élancer contre les Brabançons ; alors le genre d'attaque proposé par le vicomte de Comborn fut adopté, et l'ordre fut donné sur toute la ligne de se précipiter en avant pour une attaque générale. On vit encore quelques chevaliers porter des messages, et l'évêque de Limoges, conduit par l'abbé Isambert, incliner du haut d'une éminence située au centre de l'armée limousine, la croix de Guillaume Vidal sur les confédérés, qui tous répondirent par le signe de la croix à cette dernière bénédiction ; puis avec des cris sauvages, cette masse d'hommes s'ébranla et se rua comme un torrent sur les compagnies des Brabançons.

Ceux-ci soutinrent intrépidement cette première atttaque et abrégèrent la moitié de la course aux Limousins, en se portant à leur rencontre. Les archers anglais faisaient toujours éprouver de grandes pertes aux rangs de leurs adversaires, tandis que les archers de Brive ne causaient que peu de mal aux Brabançons.

Archambaud de Comborn s'aperçut le premier du désavantage qu'avaient les archers limousins et de la position forte et inquiétante qu'occupaient les archers anglais.

« Lasteyrie, s'écria-t-il, mon brave ami, prenez cinquante de nos meilleures lances, si vous pouvez les trouver au milieu de cette mêlée générale, et allez déloger ces archers infernaux qui nous tirent du haut de leur mamelon comme s'ils tiraient à la cible; voici encore un de mes hommes d'armes dont une de leurs flèches a traversé la poitrine. »

C'était Bernard de Voutezac. Ses feuilles n'avaient pas surnagé lors du passage de la Corrèze.

« Allez, mon brave Lasteyrie, faites tous

vos efforts pour tourner la position de ces archers et pour les en déloger ; le gain de la journée dépend du succès de votre attaque. »

Le chevalier de Lasteyrie partit pour la mission qui lui était confiée, et nul plus que lui n'était capable de la remplir avec succès ; hardi, prompt dans ses résolutions, renommé pour son courage, aucune lance, quelque bonne qu'elle fût, ne lui était comparable, et la force de son bras était irrésistible. Tous les chevaliers le connaissaient et tous avaient en lui la plus grande confiance ; aussi ne lui fut-il pas difficile de trouver les cinquante bonnes lances dont il avait besoin.

Archambaud se distinguait entre tous au plus dru de la bataille, faisant bondir son cheval au milieu des morts et des mourants et s'ouvrant un sanglant passage avec son épée dans les rangs ennemis. Adémar de Limoges et Olivier de Lastours encourageaient les gens des villages et des bourgs, les soutenaient en se portant, escortés d'une forte troupe de chevaliers, partout où les lances brabançonnes et les flèches anglaises occasionnaient de l'étonnement et de l'indécision. Eschivat de Chabanais se défendait avec peine contre une vive attaque de Mercador [1], l'un des capitaines de compagnies des routiers, connu par sa férocité, exécré de tous les habitants du pays, profanateur des églises, et qui revendait les moines qu'il faisait prisonniers au prix de dix-huit sous par tête, les jours où il ne les faisait pas torturer.

Après une heure de combat ou plutôt de cette horrible mêlée, dans laquelle chacun agissait pour ainsi dire par instinct et sans recevoir d'ordres, il eût été difficile de deviner à qui devait rester l'honneur de la journée. Les chefs se battaient comme le dernier de leurs hommes d'armes ; on recevait la mort sans demander merci, et ni Brabançons, ni Limousins ne songeaient à faire quartier ; jamais un pareil acharnement ne s'était vu ; les imprécations et les jurements se croisaient et

[1] *Mercador* était un des chefs les plus redoutés et les plus cruels des Brabançons.

se renvoyaient avec rage; puis les cris de ralliement planaient quelquefois par-dessus tous les cris : *Limoges à la rescousse; Comborn! Comborn! en advant, Chabanais; Lastours à la tour;* et le cri de Brive, *Saint-Martin.* De l'autre côté, les routiers répondaient par le cri de *tue* et de *mort aux rustres et aux manants.* Les chevaux bondissaient par-dessus les cadavres amoncelés et tombaient quelques pas plus loin sous les faux des serfs des seigneuries qui leurs tranchaient les jarrets.

Les flèches anglaises faisaient déjà moins de mal; car, dans cette confusion, il était devenu impossible aux archers de distinguer leurs camarades de leurs ennemis, et, par mesure de prudence, ils durent s'abstenir de se servir de leurs armes. Guillaume Leclerc, partout où il passait, suivi de son escorte, traçait de larges sillons, et, chaque coup de la redoutable masse d'armes dont il se servait, jetait à terre soit un cavalier, soit un homme de pied; son cheval et lui semblaient invulnérables, et bravaient le danger, comme s'il n'eût jamais dû les atteindre ; deux fois le chevalier de Cosnac et Ithier de Visio le serrèrent de près, deux fois il les repoussa et passa outre, réunissant ses Brabançons épars et ranimant le combat là où l'épuisement des deux partis le ralentissait.

Archambaud de Comborn parcourait la plaine, espérant toujours rencontrer Guillaume Leclerc, auquel il avait voué une haine mortelle. Il voulait le prendre vivant, pour lui demander compte du jeune Hugues ; mais le combat durait depuis trois heures sans que ces deux hommes, que dévorait un égal besoin de vengeance, eussent pu se joindre.

Sur la colline la plus rapprochée de ce théâtre de carnage, l'abbé Isambert suivait avec anxiété les chances de la lutte, et faisait passer ses espérances ou ses craintes dans l'âme du vénérable évêque de Limoges, auquel il racontait tout ce que les yeux de ce pauvre vieillard ne pouvaient pas voir. Non loin d'eux, Guicharde, pâle et les bras croisés sur sa poitrine, demeurait immobile, contemplant ce spectacle de mort, et osant à peine respirer ; elle accompagnait du regard, autant que la distance pouvait le lui permettre, la bannière de Comborn, et, malgré elle, des larmes s'échappaient de ses yeux, et venaient lui obscurcir la vue.

« Dieu juste et miséricordieux, disait l'abbé Isambert, épargnez le pauvre peuple qui se bat pour défendre, contre un ennemi cruel, son pays et sa famille; Dieu tout-puissant, donnez la victoire à ceux qui se sont levés pour sauver de leur ruine vos temples profanés, et de la mort vos prêtres pourchassés comme les bêtes fauves de nos bois. »

Un soleil pur éclairait la plaine et la montagne, et il commençait à se former, au-dessus des combattants, un nuage de poussière à laquelle se mêlaient les exhalaisons du sang répandu. Les oiseaux avaient fui, effrayés par les cris des mourants et de ceux qui donnaient la mort.

Cependant le chevalier de Lasteyrie, après avoir surmonté les obstacles qui devaient entraver sa marche, était parvenu jusqu'au mamelon où se tenaient les archers anglais, occupés à contempler le combat auquel ils ne pouvaient plus prendre part. Son arrivée les remplit d'une terreur panique ; ils se crurent attaqués par un coprs plus considérable, et sans chercher à se défendre, ils se précipitèrent en désordre au milieu des Brabançons qui se reformaient pour balayer la masse désorganisée des Limousins, en criant :

« Nous sommes cernés ; des troupes venues de Tulle attaquent notre arrière-garde. » Cette nouvelle, promptement colportée dans tous les groupes et augmentée en passant de bouche en bouche, étonna les routiers déjà surpris de l'acharnement de leurs ennemis. L'arrivée du chevalier de Lasteyrie et de ses cinquante lances acheva la démoralisation de ces compagnies de pillards ; le cri de *à Malemort*, et de *sauve qui peut*, s'éleva de toute part et chaque Brabançon chercha son salut dans la fuite.

Guillaume Leclerc devint pâle de colère en s'apercevant de la déroute des siens. Aussitôt il appela près de lui Sancion de Sarranes et

Curbaran, et, d'une voix que l'émotion rendait tremblante :

« Courez, leur dit-il, et tâchez de mettre tous ces lâches derrière la première enceinte de Malemort; établissez les hommes que vous réunirez sur les tours des portes et faites bonne contenance. Je ne sais quelle stupide terreur a fait perdre la tête à tous nos Brabançons, mais ils ne tarderont pas à retrouver au moins le courage du désespoir, car ils savent qu'ils sont tous perdus s'ils se laissent entraîner à la fuite. Pendant que vous exécuterez mes ordres, je vais tenter de retarder la marche de ces maudits Limousins en les chargeant avec les cent lances qui me sont restées. »

Sancion de Sarranes et Curbaran partirent et voulurent vainement rallier les fuyards, mais, pareils à un torrent qui a franchi ses digues, les Brabançons démoralisés n'écoutaient plus rien ; ils fuyaient dans toutes les directions ; ils ne cherchaient même plus à se défendre ; la terreur paralysait leurs bras ; ces hommes farouches et intrépides se laissaient égorger comme des brebis. En un quart d'heure l'aspect du champ de bataille changea complétement; ce n'était plus un combat, c'était une boucherie où les Limousins s'enivraient du plaisir de verser le sang de leurs oppresseurs. Sancion de Sarranes, Curbaran et les principaux chefs furent entraînés dans cette fuite générale. Guillaume Leclerc se trouva presque abandonné avec son escorte au milieu de l'armée des confédérés.

« Hugues, s'écria-t-il, voici le moment de chercher le vicomte de Comborn, si nous ne voulons pas tout perdre dans cette fatale journée. »

A ces mots un jeune homme complétement recouvert par un casque de fer et une cotte de mailles, le bras armé d'une hache, vint placer son cheval à côté du sien.

« En avant, mes fidèles, dit d'une voix tonnante l'intrépide Guillaume; en avant, répéta-t-il, sus au lion de Comborn. »

Et les cent lances de Guillaume Leclerc,

formées de l'élite des cavaliers brabançons, prirent leur course à travers la prairie jonchée de cadavres pour attaquer la bannière de Comborn que l'on voyait flotter au loin vers Malemort. Les quelques groupes de Limousins qui occupaient encore le champ de carnage ne tentèrent pas de s'opposer à cet escadron qui passait comme passe une trombe, dédaignant les obstacles et méprisant les ennemis qu'il rencontrait. Au bruit que faisait le galop précipité de cette cavalerie animée par le désir de la vengeance et par la volonté ferme de vendre chèrement sa vie, Archambaud de Comborn se retourna et reconnut à son armure et à son entourage Guillaume Leclerc.

« Que nul d'entre vous, dit-il à ses gens d'une voix tonnante, ne soit assez hardi pour toucher à cet homme; il m'appartient; il est à moi seul; à vous autres ses compagnons, » et il se précipita au-devant de son ennemi mortel. Les deux troupes se rencontrèrent avec un bruit épouvantable, produit par le choc des chevaux, celui des armures et les cris des combattants ; la terre trembla autour d'eux ; elle eut des oscillations semblables à celles des vagues de la mer.

Guillaume Leclerc tenait sa large et puissante épée et sa masse d'armes était suspendue à l'arçon de sa selle ; près de lui on distinguait Hugues, écartant avec le tranchant de sa hache tous ceux qui tentaient de l'approcher ; Hugues et Guillaume étaient couverts de sang ; mais ils ne paraissaient pas attacher d'importance à vaincre les chevaliers qui leur offraient le combat. Quand ils étaient parvenus à les écarter de leur chemin, ils passaient outre. Déjà des deux côtés plus d'un cavalier avait mordu la poussière ; des chevaux commençaient à errer sans maîtres, lorsque Archambaud et Guillaume se trouvèrent en présence. Guillaume était toujours suivi par Hugues, auquel il dit en lui montrant le vicomte de Comborn :

« Enfant, voilà celui qui a déshonoré ta mère ! »

Hugues poussa un cri de rage et partit

comme une flèche ; il vint fondre, la hache à la main, sur Archambaud, tandis que Guillaume attaquait Ithier de Visio, qui s'était jeté au-devant du vicomte de Comborn pour le préserver de l'attaque de deux ennemis ; de part et d'autre le combat ne fut pas long : Ithier de Visio tombait mortellement blessé par l'épée du Brabançon, presqu'au même moment où le fils de Guicharde succombait sous les coups d'Archambaud, dont il n'avait pu entamer l'armure. Les deux implacables ennemis se trouvèrent alors en présence et se préparaient à se jeter l'un sur l'autre, lorsque Adémar de Limoges, ayant aperçu le combat sur un coin du champ de bataille, accourut avec une troupe nombreuse pour terminer la défaite des Brabançons. Une grande confusion suivit l'arrivée de cette troupe, et le vicomte de Comborn, malgré ses cris et ses menaces, se vit séparé de Guillaume Leclerc. Les Brabançons ne purent tenir longtemps contre une force trop supérieure à la leur ; ceux qui ne furent pas tués dans le premier moment, tournèrent bride et cherchèrent dans une fuite précipitée la seule chance de salut qui leur restât. Guillaume Leclerc ne se trouvait point parmi ces fuyards que poursuivirent longtemps les chevaliers limousins. Une demi-heure après cette dernière action d'un combat sanglant, les femmes et les enfants qui observaient du haut des montagnes tous les événements de cette journée, purent voir un groupe composé du vicomte de Comborn, de Guicharde et du moine d'Obazine, penchés attentivement vers un Brabançon couché sur la terre, blessé mortellement et qu'ils paraissaient interroger avec anxiété.

« Leclerc, disait le vicomte de Comborn, quelque exécré que tu sois par les populations de ces contrées; si tu veux m'apprendre ce qu'est devenu le jeune homme que tu t'es fait remettre en abusant de ma crédulité, je t'emporterai dans mon château, où je te ferai guérir de tes blessures, et personne n'osera venir te réclamer. »

Le mourant avait peine à parler. Le froid de la mort commençait à bleuir ses extrémités, mais son œil n'avait rien perdu de sa fermeté, et sur ses lèvres décolorées on voyait errer un sourire sardonique. Soutenu par le moine d'Obazine, il se souleva à moitié et répondit à Archambaud :

« Mes comptes sont réglés avec la terre!... Je n'ai que faire de tes promesses; avant peu je serai là, où nulle puissance humaine ne pourra venir me chercher!... Tu as fait le malheur de mon existence!... Tu m'as jeté dans les rangs où tes hommes m'ont tué!... J'en avais fini avec la vie!... Je remercie celui qui m'en a délivré!... »

Ses paroles devenaient plus faibles. Archambaud et Guicharde se penchèrent encore plus vers lui, et le même cri sortit de leurs lèvres :

« Hugues?... où est Hugues?...

— Ne m'as-tu pas demandé de te le faire rencontrer sur le champ de bataille de Malemort, Archambaud ?

— Oui... oui... mais alors je croyais parler au moine d'Obazine...

— Ne m'as-tu pas demandé de lui inspirer le désir de la gloire?... n'as-tu pas souhaité qu'il se montrât vaillant?...

— Oui!... répondit encore Archambaud.

— Où est-il?... où est Hugues, s'écriait Guicharde en promenant sur tous ceux qui l'entouraient des regards égarés!... où est mon enfant!...

— Femme, tais-toi, murmura Guillaume, tu ne m'as rien confié... je ne te connais pas!... Mais toi, vicomte de Comborn, si tu veux retrouver Hugues... va lui demander là, où tu l'as couché, s'il accepte le titre d'écuyer...

— Où me le montres-tu? demanda Archambaud....

— Tiens, reprit le moribond, là... près de moi... Défais les courroies du casque de cet homme d'armes... Tu l'as bien tué, n'est-ce pas, Archambaud?... Regarde-le... est-ce bien ton fils?... Femme, est-ce le fruit que tes entrailles ont porté?...»

Archambaud et Guicharde, respirant à peine, se précipitèrent vers le cadavre que leur indiquait Guillaume; ils dénouèrent les courroies qui attachaient le casque à l'espèce de hausse-col de fer qui l'unissait à la cotte de mailles, et la figure de Hugues leur apparut glacée par la mort et souillée de sang.

« C'est là ton fils, Archambaud... Je te le rends tel que tu l'as voulu!... Nul, si ce n'est toi, n'y a touché!... »

En prononçant ces mots, Guillaume se recoucha sur la terre en poussant un cri sauvage, semblable à un dernier défi.

Archambaud s'était agenouillé près du corps de son fils, et le soulevait dans ses bras, tandis que Guicharde, dont le cœur maternel ne voulait pas renoncer à toute espérance, cherchait avec ardeur un battement des artères, un faible souffle dans la poitrine. Mais en entendant le cri de Guillaume, à l'instant où elle comprit que la mort avait trop bien fait son devoir, elle se redressa comme une lionne dont on vient de détruire la portée; elle saisit une pierre énorme entre ses mains, et revenant vers Guillaume, elle lui dit en la lui jetant sur la tête :

« Meurs, chien !... meurs, toi qui as voulu tuer la mère par le fils, comme le fils par le père !... meurs, et sois damné !... »

La cervelle de Guillaume rejaillit jusque sur la robe du moine, et Guicharde, sans verser une larme, prit sa course à travers les prairies en jetant des cris que la folie seule peut créer dans une poitrine humaine.

CHAPITRE XVI.

LE LENDEMAIN DE LA BATAILLE.

Le lendemain de la défaite des routiers, défaite sanglante et complète, puisque soit pendant le combat, soit pendant leur fuite, ils laissèrent deux mille cinq cents des leurs sur la terre, le château de Malemort fut repris par les Limousins, et de tous les Brabançons qui s'y étaient enfermés, aucun ne fut épargné. Trop de vengeances s'étaient amassées contre eux ; ils s'étaient souillés de trop de crimes. Les populations du Limousin, exaspérées par leurs ravages, par les assassinats qu'ils commettaient journellement, demandaient une justice sévère : tous furent ou passés par les armes, ou pendus aux créneaux des tours.

Après ce dernier acte de justice, l'armée des confédérés qui, en comparaison des pertes éprouvées par l'armée des routiers, avait peu souffert, quitta les prairies de Malemort pour se porter du côté d'Issandon. Un seul chevalier limousin avait péri dans ce combat, c'était le brave Ithier de Visio, tué par Guillaume Leclerc. Quelques autres avaient reçu des blessures plus ou moins graves, mais dont aucune cependant n'était mortelle. Les montagnards et les serfs des barons et des chevaliers comptaient quelques centaines de morts; la perte du bataillon de Brive se bornait à vingt archers tués et à un pareil nombre d'hommes d'armes dangereusement blessés; mais la joie d'avoir expulsé les Brabançons du château de Malemort était si grande, que tous les deuils particuliers disparaissaient au milieu de l'enthousiasme général.

Vers le soir, comme le soleil descendait derrière les montagnes, il ne restait plus sur le lieu du combat qu'une troupe peu nombreuse d'hommes d'armes, rangés silencieusement autour d'une tente sur laquelle flottait la bannière de Comborn. Archambaud n'avait gardé avec lui que soixante lances; ses autres vassaux et ses hommes d'armes suivaient l'armée limousine. Devant sa tente stationnait un chariot attelé de bœufs, dont le conducteur, armé d'un grand aiguillon, paraissait inquiet de voir le soleil si près de disparaître. Dans l'intérieur de la tente, Archambaud contemplait debout le cadavre du malheureux Hugues, que l'on avait mis dans une bière. Les chagrins de toute une longue nuit passée dans la douleur, avaient vieilli le vicomte de Comborn; ses yeux n'étaient plus fiers et rudes; son corps même paraissait s'être voûté; personne ne l'avait approché pendant toute cette nuit. Seul il avait gardé le corps de son fils; seul il avait veillé près de celui qu'il avait tué sans le reconnaître. Sa douleur était muette comme la plaine solitaire dans laquelle il se trouvait, comme ces bois et ces montagnes que l'on apercevait au loin; il n'avait pris aucune nourriture depuis le moment du combat. Il ne s'était pas plaint, il ne s'était laissé entraîner à aucun accès de fureur. Mais après avoir donné ses ordres à ses troupes, ses lèvres s'étaient fermées et nul ne lui avait plus entendu prononcer une parole jusqu'au moment où il demanda le moine d'Obazine, qui n'avait point voulu l'abandonner à sa douleur.

Le moine venait d'entrer dans sa tente. Un chariot attendait sur le seuil et les hommes d'armes étaient en selle. Archambaud s'avança au-devant du moine, et lui dit d'une voix contenue et qu'il cherchait à rendre calme :

« Écoute, moine, je t'ai fait venir, et je veux que tu partes avec le corps de cet enfant!.... Ne me dis pas une parole, ne cherche pas à me consoler, Archambaud n'a pas besoin de consolation ! Prends donc le corps de cet enfant, porte-le à Obazine ; fais-lui construire une sépulture honorable, et chaque jour, pendant un mois, dis des messes pour le repos de son âme ! Tu prieras aussi pour le père de cet enfant, moine !... Tu prieras pour celui qui a tué et pour celui qui est tué !... Ma terre de Chadabec, dont tu as la donation, que je ratifie de nouveau s'il en est besoin, servira aux frais nécessités par la sépulture de Hugues et à ceux d'une fondation de prières en sa mémoire !... Pars, moine ; la nuit va descendre ; je te fais accompagner par vingt de mes bonnes lances, dans la crainte que quelque maudit routier ne soit encore à rôder dans les environs !... Pars en silence.... emporte ce cercueil....»

Et ne voulant point assister au départ du cortége funèbre, Archambaud, cet homme si fort et si rude à toute émotion, se retira dans la seconde partie de sa tente, laissant le moine épouvanté de l'expression glacée de douleur poignante qui se lisait sur sa mâle figure.

L'abbé d'Obazine se conforma aux intentions du vicomte de Comborn : Hugues fut inhumé dans un caveau de l'église de l'abbaye ; les moines prièrent pour lui, et son père vint deux fois apporter quelque offrande au saint monastère, en visitant le tombeau du fils de Guicharde. Quant à cette mère désolée, on fut longtemps sans en entendre parler ; mais un jour on la vit arriver à Obazine ; elle était folle comme le jour où elle avait écrasé la tête du routier. Jamais elle ne reprit sa raison, et pendant bien des années on la vit errer autour du monastère, jetant parfois des cris effrayants, et en d'autres instants gardant un silence morne et farouche. Les paysans la connaissaient sous le nom de la folle d'Obazine ; ils la respectaient, et d'ailleurs un moine du couvent prenait soin qu'elle ne manquât ni de vêtement, ni de nourriture, ni d'abri.

FIN.

GÉNÉALOGIE

DE

LA FAMILLE DE COMBORN.

---

1. ARCHAMBAUD Ier du nom. On le croit fils d'un certain Raymond, comte de Quercy ; il est connu sous le surnom de *Gamba putrida* (jambe pourrie). Il eut deux femmes : 1° Emme, sœur de Richard, duc de Normandie ; 2° Sulpicia, fille de Bernard, vicomte de Turenne. Il vivait en 984 ; on ignore l'année de sa mort. Son fils, dont l'article suit, lui succéda.

2. ÈBLES. Vicomte de Comborn et vicomte de Turenne, comme héritier de sa mère, fille unique de Bernard de Turenne. Épouse en premières noces, suivant l'auteur des miracles de Sainte-Foix de Conches, Béatrix, sœur du duc Richard de Normandie ; mais il la répudie bientôt et prend pour femme Pétronille.

   Il eut de sa première femme Archambaud II, dont l'article suit. Avec lui commence la branche des vicomtes de Turenne de la maison de Comborn. Èbles meurt en 1030.

3. ARCHAMBAUD IIe du nom. Fut tué sous le règne de Henri Ier avant 1059. Il eut pour femme Rotberge, fille

d'Aimeri IIe du nom, vicomte de Rochechouart. Ses fils sont :

Archambaud IIIe du nom, dont l'article suit; Ébles, chef de la maison de Ventadour, de la race des Comborn, et Bernard, qui fut vicomte de Comborn, après l'extinction de la postérité d'Archambaud III, son frère.

4. ARCHAMBAUD IIIe du nom. Épouse Hermengarde et meurt à Uzerche en 1086. Il laisse un fils qui lui succède.

5. ÉBLES IIe du nom. En bas âge à la mort de son père ; meurt sans avoir été marié vers l'année 1111.

6. BERNARD, son oncle, lui succède ; il vivait encore en 1126, religieux à l'abbaye d'Uzerche.

Bernard fut deux fois marié :

1° à Garcilla, fille de Hugues Garcin de Corso, de la race des comtes de Toulouse.

2° à Pétronille de la Tour. De son premier mariage

7. ARCHAMBAUD IVe du nom, surnommé le Barbu, mort en 1137. Épouse Humberge, surnommée Brunicende, fille d'Adémar, IIIe du nom, vicomte de Limoges. Il eut de ce mariage Adémar IVe du nom, chef des vicomtes de Limoges de la maison de Comborn. Et

8. ARCHAMBAUD V^e du nom, qui vivait encore en 1184. Archambaud épouse Jourdaine, fille de Boson, IIIe du nom, comte de Périgord. Un de ses fils, Assalit, devient le chef de la branche des Blanchefort, de la maison de Comborn. Un autre de ses fils lui succède.

9. ARCHAMBAUD VIe du nom, vivait encore en 1229. Épouse Guicharde, fille de Hugues de Beaujeu.

Un de ses fils, Guichard de Comborn, devient le chef de la branche des Treigniac, de la maison de Comborn. Un autre de ses fils lui succède sous le nom de.

10. BERNARD IIe du nom, qui vivait encore en 1246.

Il eut pour femme

Marguerite de Turenne. De ce mariage est issu

11. ARCHAMBAUD VIIe du nom, mort en 1277. Archambaud se maria deux fois :

1° à Marie de Limoges.

2° à Marguerite de Pons, fille de Geoffroy, seigneur de Pons et de Montignac.

Du premier mariage :

Guy et Bernard, qui tous deux, comme on le verra ci-après, furent vicomtes de Comborn.

12. GUY vivait encore en 1287.

Il fut deux fois marié :

1° à Amicie, fille d'Eschivat de Chabanais.

2° à Almodie, fille de Geoffroy de Tannay, fille du seigneur de Tannay sur Charente. De son mariage avec Almodie de Tannay, il eut deux filles :

Eustache, vicomtesse de Comborn.

Marie, femme de Guichard de Comborn, son cousin.

13. EUSTACHE, vicomtesse de Comborn, partagea l'héritage de sa mère avec sa sœur Marie, en 1298, par un acte passé à Paris, sous l'autorité du roi Philippe. Cette même année, elle fit une donation de ses biens à son oncle Bernard, au cas qu'elle vînt à mourir sans enfants.

Elle épousa Guy, seigneur de Chanac; mais elle n'en eut pas d'enfants.

Elle mourut vers l'an 1303.

14. BERNARD IIIe du nom, connu d'abord sous le nom de seigneur de Beaumont, gouverneur de la vicomté de Comborn, sous la vicomtesse Eustache, lui succède, et épouse Blanche de Ventadour. Il meurt en 1320, laissant un fils pour lui succéder.

15. ARCHAMBAUD VIIIe du nom. On ignore le nom de

sa femme ; il passe, en 1341, le contrat de mariage de son fils, alors âgé de dix ans, avec la fille unique d'Amblar de Chaslus.

16. ARCHAMBAUD IXe du nom, fils du précédent, meurt sans laisser de postérité.

BRANCHE
DES COMBORN DE TREIGNIAC.

1. GUICHARD DE TREIGNIAC Ier du nom, second fils d'Archambaud VI de Comborn. Sa femme est inconnue.

   Son fils

2. GUICHARD IIe du nom, vivait encore en 1325.

   Il fut marié deux fois :

   1.° à Isabelle de Blanchefort, dame dudit lieu.

   2° à Marie de Comborn, fille de Guy, vicomte de Comborn et d'Almodie de Tannay.

   Il eut de sa seconde femme

3. GUICHARD IIIe du nom, qui vivait encore en 1369.

   Il eut de Blanche de Ventadour sa femme

4. GUICHARD IVe du nom, qui mourut le 1er janvier 1415.

   Il avait épousé Louise d'Anduze, dont il eut :

5. JEAN Ier du nom, vicomte de Comborn, seigneur de Treigniac et de Chambaret, etc., conseiller et chambellan du roi Charles VII. Fut l'un des tuteurs que Guillaume de Blois, dit de Bretagne, comte de Périgord, nomma en mourant en 1455, pour Françoise de Bretagne, sa fille et son héritière.

Il épousa Jeanne de Rochechouart, veuve du seigneur de la Rochefoucauld.

De cette alliance, provint :

6. JEAN II° du nom, vicomte de Comborn, baron de Treignac, seigneur de Chambaret, de Camboulive, de Beaumont, de Rochefort, de Saint-Salvadour.

Il mourut avant le mois de janvier 1488.

Marié, par contrat du 24 mai 1456, à Jeanne de Maignelois, il laissa pour lui succéder un fils nommé

7. AMANIEU, vicomte de Comborn, etc., etc., etc., qui fut marié, le 27 janvier 1489, à Catherine de Vivonne ; puis, à la mort de sa première femme, il épousa Catherine de Châtellux ; mais il n'eut d'enfants d'aucun de ces deux mariages, et par acte du 22 mars 1508, il fit une donation de la vicomté de Comborn à Antoine, seigneur de Pompadour. En lui s'éteignit l'ancienne famille des Comborn, la plus illustre du Limousin.

En dernier lieu, la vicomté de Comborn était venue dans la famille de Lasteyrie du Saillant, et les marquis du Saillant, grands sénéchaux du haut et du bas Limousin, prenaient le titre de vicomtes de Comborn.

www.ingramcontent.com/pod-product-compliance
Lightning Source LLC
Chambersburg PA
CBHW050432170426
43201CB00008B/642